子どもの心によりそう

保育者論 改訂版

佐藤哲也 = 編

布村志保
井藤　元
長尾和美
村井尚子
加納史章
中島　恵
石川恵美
小山祥子
梅野和人
山原麻紀子
水引貴子
小川圭子
赤木公子
保田恵莉
谷口あずさ
真田絵里
鈴木昌世

福村出版

JCOPY 〈出版者著作権管理機構 委託出版物〉

本書の無断複写は著作権法上での例外を除き禁じられています。複写され
る場合は，そのつど事前に，出版者著作権管理機構（電話 03-5244-5088,
FAX 03-5244-5089, e-mail: info@jcopy.or.jp）の許諾を得てください。

まえがき

　長年にわたって児童精神科医として子どもの育ちを見守ってきた佐々木正美氏は，「子どもを育てるということは，子どもが望んでいるような愛し方をしてあげること」だと述べています。子どもの望んでいるような愛し方とは，どのようなものなのでしょうか。本書をはじめとした「子どもの心によりそう」保育テキストシリーズの生みの親であった鈴木昌世さん（元大阪成蹊大学教授）は「母性的なかかわり，言い換えれば，無条件的なかかわり」だと考えていました。鈴木さんは「人生の初期にある乳幼児に大切なのは，母性的な感覚，母の心，母の視点，温かなまなざし，受容する態度，そして無条件的なかかわりである」と心から信じていたのです。本書はそうした彼女の想いや願いの結晶として刊行されました。

　本書の改訂にあたっては，子ども・子育て支援新制度の実施，幼稚園教育要領や保育所保育指針などの改訂（定）を踏まえ，法令やデータを更新し，近年注目を集めている学説などにも目を配りました。保育者養成校の半期科目に対応して，全15章で構成されています。このテキストの特徴は，各章に数多くの事例を掲載していることです。読者のみなさまには，保育現場の息吹，様々な子どもたちの活き活きとした姿に触れつつ，保育の魅力や奥深さを感じ取っていただきたいです。執筆者は保育者養成校や保育現場で長年活躍されてきた方々です。保育者を志す若き学生たちに勇気と希望を与えたいと願い，心を込めて各章を書き上げました。保育の実践と研究にたずさわってきた先人から，多くを学び，保育者として活躍するための教養，資質と能力を磨いて欲しいと願っています。本書が保育の道を志す人だけではなく，保育の道を歩んでいるみなさまにも広くご活用いただければ幸いです。

　最後に，一昨年に天に帰られた鈴木昌世さんのメッセージをご紹介します。

　どうか，本書を通して学んだことが，読者を通して，太陽がこの世を照らすように，すべての子どもにまんべんなく与えられ，生かされますように。すべての子どもが太陽のように温かで無条件的な母性愛に包まれ，心身共に健やかに育ちますように。

編　者

目　次

1章　保育者とは何か？──保育者に求められる母性とは …………………… 7
　　1　保育者の存在意義　7
　　2　子どもの命を預かり守る保育者　8
　　3　保育者の教育的役割　10
　　4　子育て支援と保護者の啓発　12
　　5　保育者の倫理　14
　　6　保育者による母性的なかかわり　16

2章　幼稚園教育要領・保育所保育指針・幼保連携型認定こども園教育・保育
　　　　要領にみる保育者像 ………………………………………………………… 19
　　1　子どもの主体的な活動を支える保育者　19
　　2　愛情豊かに応答的にかかわる保育者　25
　　3　各保育施設，地域や家庭が望む保育者　27
　　4　理想の保育者としての使命　30

3章　保育者の職務──資格，要件，責務 …………………………………… 33
　　1　保育者の資格　33
　　2　保育者の要件　34
　　3　保育者の責務　39
　　4　保育者の1日　40

4章　保育職に求められる専門性と人間性 ………………………………… 47
　　1　専門職としての保育者　47
　　2　保育を支える人間性　48
　　3　子どもの発達の理解　51
　　4　1人ひとりの子どもへの深い理解──家庭との緊密な連携　53
　　5　リフレクションの重要性　55

5章　子どもを守る保育者 ……………………………………………………… 59
　　1　保育者としての姿勢　59
　　2　保育所における養護　61
　　3　児童養護施設における養護　65

目　次

4　保育者によるリスクマネジメント　69

6章　保育者の資質・能力——資質の向上へ……………………………73

1　保育者としての資質・能力の基本　73
2　事例から学ぶ保育者の資質　76
3　保育者が育つ環境とは　80

7章　保育者の知識・技術および判断，省察……………………………84

1　子どもをとりまく社会への理解・知識　84
2　保育者の技術——遊びと学び　89
3　子どもの文化　90
4　保育者の判断　92
5　保育者の省察　93

8章　カリキュラムにもとづく保育の展開と自己評価………………………97

1　カリキュラムと保育実践との関連　97
2　日々の保育実践の省察・評価から　101
3　子どもを主体とした保育の重要性　105
4　教職員間の信頼関係の重要性　107

9章　学校教育における乳幼児教育の位置づけ——連続性と一貫性………113

1　人生のもっとも初期に出会う教師としての保育者　113
2　乳幼児にふさわしい経験を通して身に付けるもの　117
3　学童期に入る前に習得したい事柄　119
4　子どもの望みに応える保育　120

10章　家庭や地域社会との連携………………………………………124

1　子どもの帰る場としての家庭との連携　124
2　親と子の絆を強める保育者の役割　131
3　子育て家庭のおかれている現状と把握　135

11章　保育者間，専門機関との連携・協働………………………………139

1　保育者間の連携　139
2　専門機関との連携　142
3　互いに育ち合う関係を目指して　149

12 章　家庭的保育者との連携 ·· 152

　　① 子ども・子育て支援新制度　152
　　② 家庭的保育　154
　　③ 居宅訪問型保育　160

13 章　保育者の専門職的成長 ·· 163

　　① 保育者に求められるもの　163
　　② 保育技術の向上　165
　　③ 命を預かる保育者の使命　169
　　④ 多様な子どもとの出会いと保育者の対応　171

14 章　子どもとともに成長する保育者 ································· 176

　　① 感性豊かで創造性に満ちた保育者　176
　　② 創造性を重視する保育者　179
　　③ 子どもに希望を与える保育者　181
　　④ 新任保育士アズサ先生の 1 日　185
　　⑤ 新任の保育者に贈る言葉　188

終 章　すべては，子どもの尊厳を守るために ···················· 192

　　① 絵画「蝶を追う画家の娘たち」　193
　　② 1 人ひとりの「蝶」探し　196
　　③ 子どもの使命　197

　　索　引　199

1章 保育者とは何か
──保育者に求められる母性とは

1 保育者の存在意義

　保育（care and education）は，幼い子どもを守り慈しみながら，その成長を助けていく営みである。保育者の仕事とは，心身が未成熟で依存性が高い乳幼児に対して，心を配り（care），その内なる力や可能性を引き出して（education），社会で生きるための基礎的な資質・能力を育成していくこと（socialization）である。こうした課題を担いながら幼児と共に生きるのが保育者である。

　保育者には，幼児の自己発展力に期待をかけて見守り援助することが求められる。日本における幼児教育の理論と実践の基礎を築いた倉橋惣三（1882 ～ 1955）は，保育という仕事は「他の多くの仕事とくらべて，一つひとつ手答えもなく，著しい目の前の結果もない」が，それにもめげずに「疑わず迷わず，急がず焦らず，一貫した努力を以て，毎日の「遊び」を続けていかなければならない」と述べていた。こうした地道な取り組みによって，保育者は「人間の中恐らく一番清浄無垢の幼児の心から，清浄無垢の愛をば受取得る」「そういう幼児たちから信用と尊敬とを以て深く親しみ慕われる」ようになると教えていた ▶1。

▶1　倉橋惣三『倉橋惣三の「保育者論」』フレーベル館, 1998, pp.8-16。

　幼稚園や保育所などで生活する幼児にとって，保育者は心の拠り所である。いつでも逃げ込める安全基地，帰港できる母港として，幼児が安心して依存できる存在が保育者なのである。拠り所となる対象が身近にいるからこそ，幼児は様々な事柄にチャレンジできる。保育者の見守りと支えによって，幼児は自己を発揮していくのであ

る。

保育者は幼児のモデルでもある。社会的学習理論（モデリング理論）で知られるバンデューラ（Bandura, A., 1925 ～）は，子どもは親の言うことを聞いて学ぶのではなく，親のすることを見て学ぶと指摘している ➡2。

幼児にとって保育者は，親代わりであるとともに，行動と規範のモデルなのである。保育者の言動，癖，好き嫌い，道徳や価値観に至るまで，幼児は保育者から学び取っていく。情緒が安定した優しさにあふれる保育者のクラスは，しっとりとした温かい雰囲気に包まれる。ストレスを抱え余裕を失っている保育者，整理整頓が苦手な保育者のクラスでは，幼児の言動も粗暴になり，いざこざやケンカ，ケガが絶えない。保育者自身が，幼児にとって重要な人的環境であることを心に留めて，幼児から〈見られている〉ことを念頭において，保育に取り組んで欲しい。

保育者は，幼児の生活のみならず，その育ちに大きな影響を与えると言っても過言ではないのである。

2 子どもの命を預かり守る保育者

わが国における乳幼児保育，幼児教育の羅針盤である保育所保育指針，幼稚園教育要領，幼保連携型認定こども園教育・保育要領では，乳幼児や幼児の健康と安全についての注意・努力義務，安全教育の指導目標・方法などが示されている。学校保健安全法や学校保健安全法施行規則では，幼児の健康管理や感染症予防について規定されている。保育者には，法制的な観点を踏まえ，幼い子どもの命を守り，その心身の健全な育成が求められている。

しかし，東日本大震災のような未曾有の災害は，幼児の生活基盤を根こそぎにして，尊い命を奪い去っていく。東北沿岸地域では，保育所や幼稚園が津波にさらわれ，多くの幼児や保育者，そしてそ

➡2 バンデューラ編，原野広太郎・福島脩美訳『モデリングの心理学──観察学習の理論と方法』金子書房，1975。

1章　保育者とは何か

の家族が犠牲になった。被災した幼児の多くが，「地震という言葉を聞くと不安な表情になる」「余震に対する怯えが続いている」「ひとりでトイレに行けない」「午睡時に眠れなかったり，短時間で起きてしまったりする」，発熱等の体調不良，乱暴な言動，赤ちゃん返りのような退行現象等，ストレスに起因する症状を示している。PTSD（Post Traumatic Stress Disorder：心的外傷後ストレス障害）に多くの子どもたちが悩まされている。また，被災地以外でも，マスメディアを通じて多くの命が失われた事実を知り，ストレスを覚えた幼児も多かったようである。"memento mori（死を忘れるな）"という警句がリアリティーを持って，大人のみならず幼児にまで迫ってきたのである。命の尊さを再認識するとともに，命の大切さを幼児に伝えていく使命感を強くした保育者も決して少なくはなかった ➡3。

　人間は生きている限り，どのような発達段階であれ，命の終焉に向かい合わなければならないときがある。家族や知人の死，飼育動物の死，栽培していた草花や野菜などが枯れることで，はからずとも幼児が死に直面することがあるだろう。幼児が身近な命の終わりを受け止め，命はたったひとつであること，命は大切にされなければならないこと，自分の命のように他人の命も尊重しなければならないことに気づいていくことが大切である。保育者がこうしたエピソードを取り上げて，幼児とともに命について考えていこうとする姿勢が問われることもある。幼児自身の命とともに，自分と繋がっている命についても思いをはせ，命を畏敬する心情を育んでいけるように援助することも大切である ➡4。

　「死への準備教育」であるデス・エディケーション（death education）を提唱したデーケン（Deeken, A., 1932～）は，人間は死ぬ瞬間までは生命ある存在である故に，自分に与えられた死までの時間をどう生きるのか真剣に考える必要があると説いている。保育者自身が自らの「命」を輝かせて，いきいきと生活していく姿勢を

➡3 『発達 No. 128〔特集〕震災の中で生きる子ども』ミネルヴァ書房，2011。

➡4 フランスの臨床心理学者カストロによれば，3～5歳児の語彙に「死」という言葉が含まれてくるが，幼児は決定的で普遍的な現象として「死」を想像できないとする。それにもかかわらず，幼児は「死」を前にして感情的に大人と同様な反応を示すのだという。

5～10歳になると，「死」は取り消すことのできない，普遍的で避けられない現象だと了解するようになる。「死」に対して幽霊や魔女などの人格を与えて擬人化するのもこの時期であるという。子どもは，死人が動かないこと，二度と生き返れないこと，死には何らかの原因があること，死んでしまうと何も感じないことなどを理解するようになるとされている。カストロ著，金塚貞文訳『あなたは，子どもに「死」を教えられますか？──空想の死と現実の死』作品社，2002。

9

示すことが大切であろう。日頃から温かなコミュニケーションを心がけ，幼児の精神的な安全基地となりたい。幼児が「死」や「災害」「事件」と向かい合わなければならない事態に直面したときでも，園生活にあっては保育者が心の支えとなって，幼児の感情や気持ちを受け止めて，「大丈夫だよ」「先生が付いているよ」と安心感を与えていきたい ▶5。

▶5　デーケン『生と死の教育』岩波書店, 2001。

③　保育者の教育的役割

　幼稚園の創始者フレーベル（Fröbel, F.W.A., 1782～1852）は，保育者の仕事とは，幼児がその内的本質，すなわち，絶えず創造し表現する力を発揮するように支援することであるととらえていた。フレーベルは，「受動的・追随的教育」，つまり幼児に内在する発達法則に従った教育を重視した。その一方で，大人が主導する命令的，規定的，干渉的な教育を批判した。彼は，遊びこそ幼児の生命のあらわれであり，生活そのものであると考え，幼児の遊びを援助してその創造的展開を支援していくことが保育者の役割であると見なしていた。フレーベルは幼児の育ちを引き出すためにも，保育者自身が幼児と共に生活し，幼児と共に成長していくことを訴えた。「さあ，私たちも私たちの子どもらに生きようではないか（Kommt, lasst uns unsern Kindern leben!）」という彼の言葉を胸に留めて，教育にあたりたいものである ▶6。

▶6　フレーベル著, 荒井武訳『人間の教育』（上）岩波書店, 1964。

　「子ども中心（child centered）」の立場から，教育理論を科学的，社会的視点から構想したのは，アメリカの哲学者デューイ（Dewey, J., 1859～1952）である。彼は子どもの個性を尊重して内から現れる成長力に注目すると同時に，教師は子どもを社会生活へと誘う案内役・援助者であると考えた。保育者には，幼児の個性・興味関心，それによって導き出される自発的行動を大切にしながら，幼児が社会的関係のなかで協同的に活動できるように配慮することを求めた

のである ➡ 7。

　日本のフレーベルとも称される倉橋惣三は，「幼児のさながらの生活」「生活を，生活で，生活へ」という言葉で知られている。倉橋は幼児の生活を重視する上で「設備と自由の後ろに隠れたる先生」「先生が自身直接に幼児に接する前に，設備によって保育する」ことを勧めていた。彼は，保育者が直接的に指導することで幼児の主体性の芽を摘まぬように促した。そのため，設備（環境）を通じて保育者が幼児を間接的に指導することを彼は提唱したのである。「先生が自身直接に幼児に接する前に，設備によって保育する」つまり，保育者は教育目的を設備（環境）に託して（盛り込んで），「間接作用」を及ぼすことを説いていたのである。「その設備の背後には先生の心が隠れている」と，保育者による環境構成の重要性が指摘されていた。保育者が幼児にとって魅力的で創造力や活動力を刺激する環境を用意することで幼児の遊びを誘発することが求められていた。保育者の願いやねらい，教育的な価値や可能性が環境に仕組まれることで，幼児の自発的な遊びが自ずと教育的文脈に乗っていくとされた。幼稚園教育要領で言う「幼稚園教育は，学校教育法に規定する目的及び目標を達成するため，幼児期の特性を踏まえ，環境を通して行うものであることを基本とする。」に繋がる発想である。倉橋は，保育環境を構成・再構成するとともに，幼児によりそい，援助していくことを保育者に期待したのである ➡ 8。

　これらの言説から，幼児の自主性，自発性を尊重しながら，その社会性を育てることが追究されてきたことが理解できよう。幼児の生活，つまり幼児自身が自らの身体諸器官，感官を "活用する" 過程を援助して，人とのかかわりのなかで自己発揮する幼児を育てていくことが保育者には期待されていた。幼児が身近な環境にかかわり，その身体や精神的諸能力を〈使う〉ことで成長できるように，環境の構成・再構成をして，援助するのである。同時に，保育者自

➡ 7 デューイ著，市村尚久訳『学校と社会・子どもとカリキュラム』講談社学術文庫，1998。

➡ 8 倉橋惣三『幼稚園真諦』フレーベル館，2008。

身も，みずみずしい感性と豊かな想像力，好奇心と創造性を持った
〈生活者〉として，自らを向上させていくことを要請されたのである。

4 子育て支援と保護者の啓発

　昨今，日本の子育ては"少なく生んで大切に育てる"傾向が顕著
である。「一点豪華主義の子育て」と称されるように，「人並み以上
の教育」を与えるべく，わが子にできるかぎりの経済資本と感情資
本を投入しようとする保護者が増えている。幼い頃から英語やコン
ピューター等を教え込もうとする早期教育の流行も，こうした保護
者の心情を背景としている。しかしその反面，「子育てに失敗でき
ない」「子育てに自信が持てない」と焦り悩む保護者も増えている。
不安のあまり育児ノイローゼに陥ったり，育児放棄に走ったりする
ケースが報告されている。精神的，経済的に自立していないことが
原因で，子育てを放棄したり，わが子を虐待したりする保護者も問
題視されている。
　こうした状況に対応するために，保育者には，子育て支援（幼稚
園教育要領や幼保連携型認定こども園教育・保育要領では「子育ての支
援」）を通じて子育てや幼児教育をサポートするとともに，保護者
自身を啓発していくことが求められるようになった。例えば，「子
どもを取り巻く環境の変化を踏まえた今後の幼児教育の在り方につ
いて──子どもの最善の利益のために幼児教育を考える（答申）」
（2005〈平成17〉年1月28日 中央教育審議会）では，幼稚園等にお
ける家庭や地域社会の教育力の再生・向上を目指して，「親と子が
共に育つ」子育て支援のあり方が模索されている。具体的には，子
育てに係る相談の実施，情報提供，親子参加型の事業等の実施，幼
稚園等施設を利用していない子どもを育てる家庭のための親子登園，
園庭開放や子育て相談の実施，各幼稚園等施設におけるプログラム
の開発・実施等を奨励することが提案されている。

この答申を受けて就学前の保育施設でも「親育て」の実践が試みられるようになった。幼稚園教育要領では，「家庭との連携に当たっては，保護者との情報交換の機会を設けたり，保護者と幼児との活動の機会を設けたりなどすることを通じて，保護者の幼児期の教育に関する理解が深まるように配慮するものとする。」（幼稚園教育要領 第1章「総則」第6「幼稚園運営上の留意事項」2）。保育所保育指針や幼保連携型認定こども園教育・保育要領では第4章に「子育て支援」「子育ての支援」について示され，子育ての知識，経験，技術を蓄積している保育所や認定こども園が地域における子育て（の）支援の役割を総合的かつ積極的に担っていくことがうたわれている。保護者による乳幼児虐待の防止に努めること，乳幼児の保育に関する相談・助言を行うこと，「地域に開かれた子育て支援」の一環として子育てをめぐる様々な情報を発信すること，地域の関係機関と連携することなどが求められている。

　こうして地域のバックアップを受けながら，保育者と保護者が車の両輪のごとく，乳幼児の育ちを支えていくことが期待されている。保育者は，子育ての専門家，子育てのパートナーとして，地域や保護者から信頼される存在でありたい。そのためにも，子育てをめぐる情報を収集・発信する能力を磨き，保護者の相談に応えるためのカウンセリング・マインドなど養っていくことが求められている。子育てにかかわる地域の関連機関と協力連携体制を組んでいくことも重要である。保護者をはじめ様々な人材を巻き込んで保育を展開していく実践的職能やカリキュラム（保育計画）をマネジメントしていく力量が保育者には必要とされるのである。

5 保育者の倫理

> 自ら育つものを育たせようとする心，それが育ての心である。世にこんな楽しい心があろうか。それは明るい世界である。温かい世界である。育つものと育てるものとが，互いの結びつきに於いて相楽しんでいる心である。
>
> 子どもは心もちに生きている。その心もちを汲んでくれる人，その心もちに触れてくれる人だけが，子どもにとって，有り難い人，うれしい人である。
>
> お世話になる先生，お手数をおかけする先生，それは有り難い先生である。しかし有り難い先生よりも，もっとほしいのはうれしい先生である。そのうれしい先生はその時々の心もちに共感してくれる先生である ◧9。

◧9 倉橋惣三
『育ての心』〈上〉
フレーベル館,
2008。

これらは『育ての心』における倉橋惣三の言葉である。心も身体も子どもとともにあり，子どもに安心を提供できる保育者。子どものありのままを受け止め，よりそっていける保育者。子どもの心もちに共感し，喜怒哀楽をともにできる保育者。子どもにとって「うれしい先生」とは，こうした保育者のことなのであろう。子どもにとって「うれしい先生」になるためにも，「育ての心」を内に秘めた保育者でありたい。

近年，保育という営みにおけるケアリング（caring）がますます重視されている。ケアリングでは，①他者を援助したいという人間に本来備わっている性向，②自分の利益を守るためではなく，他者の尊厳のために何かをしようとする志向性，③理性や因果律ではなく，内面から沸き上がる情感や他者への共感性を尊重し，④一般的，一方通行的な関係ではなく，個別的で応答的な関係のなかで他者とかかわっていくこと，これらの倫理性が重視される ◧10。

◧10 ノディングズ『ケアリング
倫理と道徳の教育──女性の観点から』晃洋書房, 1997。

保育者には，具体的かつ個別的な幼児との関係において，その子の内面を省察し，思いを受け止め，生活の充実が育ちにつながるかかわりを結んでいく。保育者は，「この子の幸せのために，自分

1章　保育者とは何か

には何ができるのか」「この子の成長のために自分は何をなすべき
か」問い続けながら，自らを省みる姿勢を大切にしなければならな
い。こうした保育者の倫理性が，慈愛に満ちた態度，公平無私な姿
勢，謙遜で寛容な精神となって，保育実践に現れていくのである。

　保育者の倫理性はまた，髪型，化粧，身だしなみ，言葉遣い等，
保育者の容姿や言動にも表れる。例えば，倉橋は保育者の服装につ
いて興味深い指摘をしている。

　粗野な服装の先生の組の幼児は，粗野な子になる。

　おしゃれが問題になる点は，程度の強さと趣味の低さである。

　自分よりも服装の方が先に，また力強く，人に印象するような風は，服装本位
の晴れの場でもない限り，常に生活としては明らかに低趣味であるということで
ある。自分を強いて目立たせようとすることほど下品なことはない ➡11。

　保育中の服装について各自の判断に委ねられている場合には，倉
橋の指摘を心にとめておきたい。どぎつい色，派手なキャラクター
や文字のプリント，広く開いた胸元，腰が露出するローライズのパ
ンツなど，保育者の人となりをうち消す「程度の強さ」「人に印象
するような風」「自分を強いて目立たせようとする」服装は退けた
いものである。髪型や化粧も同様である。保育者の喜怒哀楽，人柄
が幼児に自然に伝わるように配慮したい。

　また，保育者の〈声〉についても，心得が必要である。自ら指導
性を発揮しようと躍起になる保育者は，無意識のうちに大声を出し
てしまうことがある。「自分の話を幼児に聞かせよう」「幼児の注意
を自分に向けよう」という気持ちが前に出すぎるからである。大声
を出していくことで，保育者自身が保育の中心になってしまうので
ある。しかし，保育者の大声は幼児の心に届かない。いつでも，ど
こからでも語りかけてくる保育者の雑多な言葉も，子どもの意識を

◀11　倉橋惣三
『倉橋惣三の
「保育者論」』フ
レーベル館，
1989, pp.88-91。

15

素通りしていく。保育者の言葉に必然性や重みがないからである。

　保育者は，必要なときに，しっかりと幼児と向かい合い，幼児1人ひとりの心に届く〈声〉でコミュニケーションを図って欲しい。自分自身が子どもたちの元に歩み寄り，そっと肩を抱き寄せるようなイメージで，やわらかく，しっとりと語りかけることが大切である。保育者は「聞かせる言葉」ではなく，「耳を傾けたくなる〈声〉」で幼児の心に語りかけるのである。やわらかな〈声〉で保育される幼児は，やわらかな〈声〉で友だちとやり取りをするようになる。互いの言葉がやわらかく響き合って，心地よい生活集団が形成されていくのである。

6　保育者による母性的なかかわり

　一般に「母性的なかかわり」とは，愛情を持って子どもを全面受容するコミュニケーションのことをいう。その一方で，宗教や道徳等の規範や指針を示し，社会の厳しさを教え，自立を促すことが「父性的なかかわり」とされている。母性原理と父性原理が調和的に働くことで，人間形成における依存性と自立性が機能するとされている 🔲12。

　保育においては「母性的かかわり」が重視されている。その根拠を示したのがイギリスの小児科医ボウルビィ（Bowlby, J., 1907 ～ 1990）であった。第2次世界大戦後，彼は WHO（World Health Organization：世界保健機関）の依頼によってヨーロッパやアメリカの戦災孤児や家族から引き離された子どもたちの健康や発達状態を調査した。その際，ボウルビィは，愛する対象である母親から引き離された幼児には発達の遅れが見られ，罹病率や死亡率が高い事実を突き止めた（母性剥奪：maternal deprivation）。社会的・精神的発達には，少なくとも特定の養育者（多くの場合，母親）と親密な関係（愛着：attachment）を維持することが不可欠であることが見出されたので

🔲12　日本語における「母性」とは，大正中期，関西の小児科医三田谷啓（1881～1962）がスウェーデンの女性思想家エレン・ケイ（1849～1926）が提唱した'moderskap'（モーダーズカップ：スウェーデン語）を「母性」と翻訳したことに始まる。

16

ある ➡13。

　母性剥奪の問題は，今日の被虐待児童においても認められている。本来，信頼できる他者である身近な養育者から，身体的，心理的，性的な虐待を受けた，またネグレクト（養育放棄）された乳幼児は，深刻なトラウマを負うことになる。虐待を受けた子どもは，帰るべき母港，安全基地ともいえる家庭や保護者が揺らぐことになる。精神的に不安定になり，自己肯定感と他者への信頼感の確立に困難を覚えていく。日常的に不安感や絶望感にさいなまれるとともに，他者からの評価のまなざしにおびえ，「自分はダメな子だ」「よい子にならなければならない」というプレッシャーにさらされる。こうした子どもたちに対して，癒しと生きる希望，情緒的安定をもたらすのが，その子を全面的に受容する「母性的なかかわり」なのである。

　近年の研究では，母性的養育（maternal care）が必ずしも生物学的母親のみに期される訳ではないことが明らかとなっている。母親以外の女性や男性であっても，乳幼児の身近で「母性的なかかわり」を保障してくれる"特定の人物"であれば，乳幼児の愛着形成に十分に寄与できるとされている。乳幼児との間に感覚的協応，すなわち視覚的協応（見つめ合う関係），聴覚的協応（聞き取りあう関係），触覚的協応（触れあう関係）を基本とする「私とあなた」といった"二人称的関係"を結んでくれる他者であれば，父親でも，保育者でも，施設職員であっても，乳幼児の愛着対象となり得るのである ➡14。

　乳幼児とコミュニケーションを深めながら愛着を形成する上で，共通体験を重ねることが大切である。親密な２人が時間と空間を共有しながら，同じものを見る，同じ音を聞く，同じものに触るのである。「今日のお空は真っ青だね」「綺麗な花が咲いているね」「雨がシトシト降っているよ」「冷たい水だね」等々，五感を活かした体験を共有することで，驚き，喜び，感動，不安や心配などの情動が交換される。保育者は，子どもと視線をともにして，子どもの抱

➡13　ホームズ著，黒田実郎・黒田聖一訳『ボウルビィとアタッチメント理論』岩崎学術出版社，1996。

➡14　網野武博・無藤隆・増田まゆみ・柏女霊峰『これからの保育者にもとめられること』ひかりのくに，2006。

く世界をともに味わい，子どもと身体感覚をともにする。子どもの世界を実感として納得し，子どもとの世界を創り出していく。こうした「共感的他者」として，保育者は幼児と相互的・共感的な関係を結び，安定した信頼関係を確立していくのである ▶15。

▶15 佐伯胖編『共感──育ち合う保育のなかで』ミネルヴァ書房，2007，p.107。

　保育者は，男女を問わず，子どもを無条件に愛し受容する母性的な養育者となることが期待される。愛される喜びを知る幼児は，人を愛することができる人間として成長していく。世代を超えた愛の連鎖を生み出すこと，これが保育者の責務なのである。

参考文献

倉橋惣三『倉橋惣三の「保育者論」』フレーベル館，1998

鈴木昌世『イタリアの幼児教育思想──アガッツィ思想にみる母性・道徳・平和』福村出版，2012

高良 聖編著『警告！早期教育が危ない──臨床現場からの報告』日本評論社，1996

林 道義『父性の復権』中公新書，1996

林 道義『母性の復権』中公新書，1999

マイケル・ラター著，北見芳雄他訳『母親剥奪理論の功罪──マターナル・デプリベーションの再検討』誠信書房，1979

2章 幼稚園教育要領・保育所保育指針・幼保連携型認定こども園教育・保育要領にみる保育者像

　2017 年，幼稚園教育要領と保育所保育指針，幼保連携型認定こども園教育・保育要領の改定（改訂）が同時になされた。幼稚園と保育所，幼保連携型認定こども園は，その時期にふさわしい豊かで充実した生活のなかで，温かな関係性を基盤に 1 人ひとりの自立を支え，発達を保障する質の高い保育を行うことが求められている。そのために保育者は深い専門性が求められているとともに，社会的な役割も大きく期待されている。本章では保育者の役割がどのように示されているのか，見ていくことにしよう。

1 子どもの主体的な活動を支える保育者

■多様なかかわりで活動を支える者として

　すべての施設では，子どもと保育者が出会い，様々なものやことに出合い，子ども同士が出会い，多様なかかわりが生まれていく。そのかかわりのなかで，保育者は子どもの育ちを支えるためにさ様々な役割を果たしていく。幼稚園教育要領第 1 章「総則」には，次のように示されている。

第 1 章　総則　第 1　幼稚園教育の基本

　その際，教師は，幼児の主体的な活動が確保されるよう幼児一人一人の行動の理解と予想に基づき，計画的に環境を構成しなければならない。この場合において，教師は，幼児と人やものとのかかわりが重要であることを踏まえ，教材を工夫し，物的・空間的環境を構成しなければならない。また，教師は，幼児一人一人の活動の場面に応じて，様々な役割を果たし，その活動を豊かにしなければならない。

ここから保育者は，①子どもが主体的にかかわりたいと思うような環境を構成する役割と，②子どもの主体的な活動を豊かにするための多様な役割を担う存在であると理解できよう。このことは幼稚園ばかりでなく保育所や認定こども園も同様である。園生活のなかで，保育者は子どもたちが成長していくために必要な体験を積み重ねていくことができるように，見通しと計画を持って環境を構成する。その際，子どもの成長発達の道筋への認識に基づきながら，目の前の子どもたちに必要な体験は何なのかを考え，主体的な活動が展開していくような環境を整えていく。保育所保育指針の第1章「総則」においても，「人，物，場などの環境が相互に関連し合い，子どもの生活が豊かなものとなる」ように「計画的に環境を構成」し◘1，子どもが主体的にかかわっていきたいと思うような魅力的な環境を整え，日々の生活を通して1人ひとりを成長発達させる豊かな機会を保障していくことが求められている。

環境を構成したことによって子どもの主体的な活動が行われればよいわけではない。活動の流れや心の動きに即して構成をしなおす，再構成し続けていくことが必要なのである。さらに，保育者は子どもとともにによりよい教育環境を創造する姿勢も忘れてはならない。

また幼稚園教育要領の第1章には，「幼児の主体的な活動を促すためには，教師が多様な関わりをもつことが重要であることを踏まえ，教師は，理解者，共同作業者など様々な役割を果たし，幼児の発達に必要な豊かな体験が得られるよう，活動の場面に応じて，適切な指導を行うようにすること」◘2 と示されている。保育者は子どもの主体的な活動が豊かで充実したものとなるように，「理解者，共同作業者など様々な役割」を果たしながら多様なかかわりをしていくことが求められている。子どもの教育にかかわる保育者は，幼稚園はもちろん保育所においても認定こども園においても同じ役割を担っており，重要な者として示されているのである。

次節では幼稚園教育要領に示された内容を参考にしながら保育者

◘1 保育所保育指針 第1章「総則」1「保育所保育に関する基本原則」(4)「保育の環境」。

◘2 幼稚園教育要領 第1章「総則」第4「指導計画の作成と幼児理解に基づいた評価」3。保育所保育指針 第1章「総則」3「保育の計画及び評価」(3)「指導計画の展開」ウ並びに幼保連携型認定こども園教育・保育要領 第1章「総則」第1「幼保連携型認定こども園における教育及び保育の基本及び目標等」1「幼保連携型認定こども園における教育及び保育の基本」(4)参照。

の役割を見ていく。ただし，様々な保育場面における保育者の役割はそれぞれバラバラになされているものではなく，相互につながりあっているものととらえておく必要がある。保育者はその一度しかない状況に応じて瞬時の判断をし，柔軟で複合的なかかわりを行っているからである。

■子どもによりそう共感者として

幼稚園教育要領第1章「総則」において，「教師は，幼児との信頼関係を十分に築き」➡3 と示されており，保育者が子どもとの信頼関係を十分に築くことが求められている。

保育者は保育の場で子どもとともに生きていく存在である。かわりのきかない今日という日をともにすごせる喜びを子どもたちに保育者自身の姿で伝えていきたい。保育者がかけがえのない命によりそって生きているという思いを持って1人ひとりの子どもに心を砕くこと，その日々の積み重ねのなかで子どもは保育者の愛情を受け取っていくのである。

子どもの様々な思いによりそい続ける保育者とのかかわりから，子どもは保育者に包み込まれているという安心感を抱くようになり，信頼関係は生まれていく。子どもたちの喜びや驚き，発見だけではなく，子どもたちの葛藤や苦しみ，悲しみも受け止め，ともにあることを大切にしたい。

心の拠り所となる安心感を得ると，子どもは周囲の環境に能動的にかかわって活動しはじめる。うまくいかなかったり，くやしかったり，様々な壁にぶつかったときにも，保育者が心を寄せ，ありのままを受け止めてくれるという心地よさを実感していれば，子どもは保育者のもとで気持ちをたてなおし，また活動へ向かうことができる。保育者と信頼関係を築くことは，子どもが主体的に活動する基盤なのである。

◖3　幼稚園教育要領　第1章「総則」第1「幼稚園教育の基本」。

■子どもの理解者として

　保育者は子どもとともに生活するなかで，1人ひとりの特性や発達課題をとらえ，豊かで充実した経験を重ねていけるよう保育を展開する。保育実践の基底は，子ども1人ひとりへの理解である。

　まず子どもの目に世界はどのように映っているか，どう感じているか，子どもの身になって考えてみよう。子どもの言葉や行動だけではなく，表情やしぐさ，全身から発せられる子どもの思いを受け止めて感じ取っていこう。子どもの思いや気づきを大切に，子ども自身がしたいと思うことを存分に保障していくことが，これからを生きる子どもたちの育ちにつながっていく。

　具体的な子どもの活動を理解していくために，子どものこれまでの経験を踏まえつつ，今どのように展開されているのかという時間の流れと，誰と誰とがどこでどのような動きをしながら遊んでいるのかといった空間の広がりもとらえながら考えていくことが求められる。さらに，幼稚園での様子だけでなく，家庭での様子も含めて理解することも重要である。

　保育者にとって，どうしても理解しえない子どもの思いや行動にも出合うだろう。そのようなときも，目に見える行動の背後にある子どもの内面を理解していく姿勢を持ち，その子どものおかれた状況や人間関係に目を向けて考えていきたい。

　子どもを理解するということは，自分自身でも説明ができないような複雑な気持ちや行動さえも他者が理解できうるという一種傲慢な考え方でもあるとも言える。しかし，それでも子どもによりそい，理解していこうと心を動かし続けていくことが，子どもの成長発達を支えていく保育者なのである。自分の理解の限界を謙虚に受け止めながら，子どもの理解に努めていこう。

2章　幼稚園教育要領・保育所保育指針・幼保連携型認定こども園教育・保育要領にみる保育者像

■子どもとの共同作業者として

　保育者は時に遊びのなかに仲間として入って一緒に楽しむこと，子どもと相談をしながら活動を進めていくことがある。保育者が仲間の1人として加わることで遊びが発展し，他の子どもたちの参加につながることもある。子どもの遊びに共感・共鳴してともに楽しむ保育者は，子どもの遊びをより豊かにしていく役割を担っている。それは，子どもとともに幼稚園の生活につくりあげている保育者のひとつの姿である。

　実際に子どもたちと同じ姿勢で同じように動いてみたり，同じ視線に立ってものを見つめたり，ともに活動する仲間となることで，見ていただけではわからなかったことに気づくこともある。思いがけない展開に，予想を超えた経験を子どもたちと共有することもある。子どもとともに考え，行動することを通して，子ども1人ひとりへの理解を深めながら，共同作業者として歩んでいこう。

　保育者の提案から新たな遊びがはじまることもある。新たなものやこととの出合いを働きかけつつ，様々な形であらわれる子どもたちのメッセージをしっかりと読み取り，受け止めることができれば，お互いの思いや考えを尊重し合う関係を築いていける。それにより，相互に活動を充実させる役割をも果たすことになる。主体的に生きる子どもたちと，保育者も主体性を持つ存在としてともに生活を築いていく姿勢が求められている。

■モデルとして

　子どもは保育者がしていることに興味を持ち，同じことをしてみようとする。保育者を介して，子どもは初めてのものやことと出合い，新しい世界へと誘われて自分の経験を広げていく。

　子どもとともに過ごす保育者は想像する以上に子どもたちに大きな影響を与える。保育者の持つ雰囲気は，1人ひとりの子どもに影

23

響していき，クラス全体の持つ雰囲気も生み出していく。

保育者は子どもにとってあこがれの対象であると同時に模範でもある。保育者の行動を模倣したり，取り入れたりしながら，子どもたちは育っていく。保育者の何気ない言動も見ていないようで，実は鋭い感覚で自分のなかに受け入れている。保育者の日々の行動や言葉遣い，自分だけではなく他の子どもとのかかわりの様子，表現や気配りなどあらゆることが子どものモデルになるのである。

■活動の援助者として

子どもは発見の天才であり，好奇心のかたまりでもある。子どもたちは生活のなかで様々なものと出合い，興味を持って立ち止まったり触れたりしながら，いろいろなことを感じ取っていく。その際，保育者としてどのようなかかわりをしていくだろうか。

保育者は日々積み重ねてきた1人ひとりの子どもへの理解を基盤として，遊びの状況や経過，遊んでいるメンバーを確認しながら，遊びのなかでどのような経験をしているのかをとらえ，適切な援助を考えていく。その際，遊びの広がりや子ども同士のかかわりをどのように発展させ充実したものにしていくのかを見通していくことが求められる。

様々な場面で，互いに協力し合い，やり取りをしていく子どもたちの姿が見られる一方で，けんかやぶつかり合いも大なり小なり日々起こる。自分の思いが伝えられなかったり，遊びが行き詰まったりもする。そのような生活のなかで，互いの気持ちを理解し合い，自分の気持ちに折り合いをつけていく。幾度もこのような場面を経験しながら，子どもは自分の力で解決していく力を身につけていくのである。

保育者がいなければ遊べない，あるいは問題を解決しようとせず保育者に依存してしまうような援助になるならば本末転倒であるし，子どもへの働きかけをせずに子どもの育ちの機会を奪ってしまう場

2章　幼稚園教育要領・保育所保育指針・幼保連携型認定こども園教育・保育要領にみる保育者像

合もありうる。保育者は様子を見守るのか，一緒に解決方法を考え
たり，橋渡しをしたりするように積極的にかかわるのかなど，いつ
どのような援助をどこまでするのか見極めながら行動する◻4。

　このように，保育者には援助のタイミングや方法など的確に判断
する力と柔軟で臨機応変に対応する力が求められる。子どもたちの
自立への道を思い描きながら，成長発達にふさわしい援助をしてい
きたい。

◀4　保育者は，
呼びかけ，紹介，
提供，見守り，
共鳴，助言，一
役買うなど様々
な役割を果たし
て援助を行う。

２　愛情豊かに応答的にかかわる保育者

■子どもの命を守る者として

　前節で述べた様々な役割に加え，保育所と認定こども園の保育者
であるからこそ必要とされる役割がある。それは，0〜3歳未満の
子どもたちも入所して日々の生活を過ごしていること，長時間保育
であるという機能を持つゆえである。

　保育所や認定こども園を生活の場とする子どもにとって，養護の
面については一層の配慮が必要である◻5。保育者は子どもの命
を守り，1人ひとりの子どもが安心して過ごせる環境のもとで快適
に過ごせるように，つねに十分な配慮をしなければならない。

　同時に保育者は応答的にかかわりながら，食欲や睡眠などの生理
的欲求を満たしていき，子どもの健やかな成長を支えることが求め
られる。健康や安全にかかわる部分も含め，生活に必要な基本的生
活習慣を身につけることは，子どもが主体的に生きる基礎となる。
このことに留意しながら，子どもの生活や発達過程にふさわしい生
活リズムをつくっていく。

　乳幼児期の子どもは心身ともに未熟であり，体調を急激に崩すこ
とも思わぬ事故の発生も起こりやすい。そのため，保育者はつねに
子どもの状態を把握して健康観察や予防に努めるだけではなく，子

◀5　保育所保
育指針　第1章
「総則」1「保育
所保育に関する
基本原則」(2)
「保育の目標」ア
(ア)や2「養護
に関する基本的
事項」と第3章
「健康及び安全」
各章に示された
養護にかかわる
点を参照してほ
しい。

25

➡6 保育所保育指針 第3章「健康及び安全」に記載のアレルギー疾患についてはもちろん、2017年の改定により、健康支援・安全管理だけでなく、「災害への備え」が明記されていることにも留意したい。幼保連携型認定こども園教育・保育要領 第3章「健康及び安全」も参照のこと。

➡7 保育所保育指針 第2章1「乳児保育に関わるねらい及び内容」の(1)「基本的事項」アや2「1歳以上3歳未満児の保育に関わるねらい及び内容」の(1)「基本的事項」アなど、また幼保連携型認定こども園教育・保育要領 第2章「ねらい及び内容並びに配慮事項」第1「乳児期の園児の保育に関するねらい及び内容」や第2「満1歳以上満3歳未満の園児の保育に関するねらい及び内容」など参照。

どもがかかりやすい感染症への正しい知識を持ち、万が一の場合に迅速な対応ができるようにしておくことも必要である➡6。特に年齢が低いほど一層細やかな配慮のもと、1人ひとりを見守り、子どもの心身の状態、発育・発達に応じた保育を行っていかなければならない。

■子どもの情緒の安定を保つ者として
──慈愛に満ちた温かいかかわり

保育所保育指針の第2章「保育の内容」の記載には、子どもの発達における人とのかかわりの大切さが基底に置かれている。愛情豊かで受容的な大人と子どもの相互のかかわりが十分に行われることが重要として繰り返し記されており➡7、子どもとかかわる保育者には愛情豊かな人間であることが求められている。

子どもの情緒の安定は子どもの主体的な活動の基盤であり、そのために保育者と子どもの信頼関係が不可欠であることは、前節ですでに述べているが、発達過程も保育時間も1人ひとり異なる保育所と認定こども園において、子どもの情緒の安定を図ることは重要な役割のひとつである。

特に保育所と認定こども園は0歳から3歳未満児までの子どもも入所しており、幼稚園よりも長時間を過ごす。それゆえ、保育者は1人ひとりの子どもの発達過程、生活リズムなどを把握するだけでなく、その日の保育時間というような個人差も十分配慮して保育することが求められる。乳児期の子どもにとって「欲求を適切に満たし」てくれ、「多様な感情を受け止め、温かく、受容的」にかかわる特定の保育者との愛着関係の形成が大変重要である。

乳児期から日々の生活ひとつひとつを通して、子どもたちの思いを尊重し、愛情豊かに受容的・応答的なかかわりを通して基本的信頼関係を構築することが、子どもたちの自己肯定感や自尊感情の育ちに不可欠なのである。また、子どものやりたいという思いを満足

2章　幼稚園教育要領・保育所保育指針・幼保連携型認定こども園教育・保育要領にみる保育者像

するまで没頭できるという体験を乳児期から保障することは，好奇心や探究心を育てることはもちろん，試行錯誤を含めた思考力や子どもが集中して何かをやり遂げる力の芽を育てていくのである。

　子どもたちは幼ければ幼いほど抱っこをはじめとする五感での触れ合いが必要である。慈しみに満ちた保育者の配慮のもと，子どもがいつでも安心して自分を十分に発揮できるようにしたい。可能な限り家庭的でゆったりとした雰囲気のなかで子どもたちが生活できるよう，温かなかかわりをすることが求められる。

　子どもがよくないとわかっていてもしてしまったとき，子どもがそうせざるを得なかった思いや背景を丁寧に読み取っていき，信じてよりそい続ける保育者でありたい。何度失敗してもよいのだという許容の雰囲気をつくっていくこと，思いを伝えあい，育ちあえる関係を築いていきたい。

3　各保育施設，地域や家庭が望む保育者

■各保育施設が望む保育者

　幼稚園教育要領及び幼保連携型認定こども園教育・保育要領には，子どもの活動に適切な援助を行うため，園全体の職員による協力が必要であると示されている ◖8。保育所保育指針においても，全職員による適切な役割分担と協力体制について示されているほか，保育実践や保育の内容に関する職員の共通理解を高めていくことが記されている ◖9。

　このように，保育は1人で行うものではなく，全職員の連携と協力によって園全体で行っていくのである。保育者は園の一員として他の職員とのコミュニケーションを図りながら，協力して保育に取り組む協調性が求められる。

　また保育所保育指針に，職員の資質と専門性の向上に努めること

◖8　幼稚園教育要領　第1章「総則」第4「指導計画の作成と幼児理解に基づいた評価」の3「指導計画の作成上の留意事項」(8) 及び幼保連携型認定こども園教育・保育要領　第1章「総則」第2「教育及び保育の内容並びに子育ての支援等に関する全体的な計画等」2「指導計画の作成と園児の理解に基づいた評価」(3)「指導計画の作成上の留意事項」ケ。

◖9　保育所保育指針　第1章「総則」3「保育の計画及び評価」(3)「指導計画の展開」ア，同「保育の計画及び評価」(4)「保育内容の評価」ア(ウ)など。

27

■10 保育所保育指針 第5章「職員の資質向上」参照のこと。

が記されているように ■10，どの施設においても研修などを通じた保育者の自己研鑽により，より質の高い保育を行うことが必要である。子どもたちとの日々は知的にも身体面や心の面においても，様々な働きが求められる。子どもたちの健やかな成長発達を支えるために，専門性を高めるだけでなく，子どもたちに応答できるような様々な力をつけていくことが求められている。

しなやかで豊かな感性を育む者として，保育者自身の感性を磨いていきたい。また，子どもたちに豊かな生活経験を積み重ねていくために，土台となる保育者自身の生活経験を問い直し，補うことも必要となろう。つまり，保育者自身が自分の保育を振り返る内省力を持って，自分の足りなさを受けとめながら学び続けていく保育者であることが求められている。

保育者は保育の専門家として子どもの成長発達を見守り支えていく役割を果たしていくことが求められる。その上で，1人の社会人であることも忘れてはならない ■11。

■11 社会人として一般常識，マナー，礼儀作法，生活技術，時事問題への知識など，最低限のことは身につけている必要がある。

■家庭が望む保育者

地域における子育てが閉塞的な状況になってきたことで，地域すべての子どもの育ちと子育て家庭への支援へと保育者の役割が広がってきている。幼稚園教育要領の第3章「指導計画上の留意事項」■12 において，子育て支援のために保護者や地域の人々に機能や施設を開放し，地域における幼児期の教育センターとしての役割を果たすことが示されている。また，保育者は育児相談，情報提供，保護者同士の交流の機会を提供する役割が求められている。

■12 幼稚園教育要領 第3章「教育課程に係る教育時間の終了後等に行う教育活動などの留意事項」2。

保育所保育指針では，第4章として「子育て支援」がおかれ，「保育所を利用する保護者に対する子育て支援」と「地域の保護者に対する子育て支援」の2つが明示されている。在所児の保護者だけではなく，「全ての子どもの健やかな育ちを実現する」ために，地域の子育てについても専門職として支援する役割を担っているの

である。

　子育て家庭への支援は，保育所内の栄養士や看護士をはじめ民生委員や保健福祉センターなど様々な人や機関と協力して取り組んでいくが，保育者はとくに専門的知識や技術を生かしていくことが求められている。幼保連携型認定こども園教育・保育要領にも第4章に在園する保護者と地域の子育て家庭の保護者の支援の2つが示されており，地域の中心的役割を果たすことが求められている。すべての施設の保育者は子育てにかかわる相談，助言や援助，保護者の子育てをする力の向上を支援する身近な専門家という役割を担っている。

　さらに，保育の専門家として子どもの成長を適切に支援してくれる保育者が求められている。保護者は安心し信頼できる保育者を求めている。日頃の園の様子をはじめ，1人ひとりの子どものなかに何がどのように育っているのかわかりやすく保護者に伝えていきたい。保育者と保護者がともに考え話し合える関係を築いていけるように心がけていくことが大切である。

　幼稚園や保育所，認定こども園に通う子どもの保護者は，子どもの気持ちを理解し，充実した時を子どもが過ごすようなかかわりを持ってくれる保育者かどうか，保護者は子どもを通じてあるいは保育者と保護者自身とのやり取りのなかで受け止めていく。たとえ経験年数が浅くても一生懸命で誠実に子どもとかかわる保育者に保護者は信頼を寄せる。

　子育てに対する不安を感じたり，自信を無くしたりする保護者は少なくない。保護者の気持ちや状況を受け止め，一緒に子育てを考えていく姿勢が必要である。子どもと子ども，子どもと保護者，保護者同士，さらには地域の人々につないでいくことを通して，子どもの育ちを喜び合う関係を築き，保護者の子育てと子どもの成長を支援していくことが求められている。

➡13 厚生労働省「平成28年国民生活基礎調査の概況」によれば，1986（昭和61）年に1,736万世帯あった子どものいる世帯は，毎年のように減少し，2016（平成28）年には1,166万世帯となっている。1986年には世帯全体の46.2%を占めていた子どものいる世帯が，2016年には23.4%となっている。

➡14 厚生労働省「平成28年国民生活基礎調査の概況」によると2016年には児童のいる世帯の平均児童数は1.69人となっている。

➡15 「児童相談所における児童虐待相談の対応件数」厚生労働省『平成27年度福祉行政報告例の概況』2015年，p.8。

➡16 虐待は，①身体的虐待，②性的虐待，③ネグレクト，④心理的虐待の4種類に分けられるが，1人の子どもが複数の虐待を同時に受ける場合もある。保育所保育指針では，虐待が疑われる場合には，市町村または児

4 理想の保育者としての使命

■子育て家庭の現状

日本では現在，子どものいない家庭が全世帯の7割以上を占めており，子どものいる世帯は全世帯の3割に満たない少数派である**➡13**。2016年における子育て家庭の平均児童数は2人未満**➡14**，合計特殊出生率も1.44人と少子化傾向は続いている。

さらに，子育て家庭の世帯構成で大多数を占めるのは核家族という状況にある。核家族化に加え，近隣との関係の希薄化は子育て家庭を地域からも孤立させ，親の子育ての負担を大きくしている。子育ての孤立化や密室育児，育児不安がしばしば指摘され，過干渉，育児ストレスやノイローゼ，虐待などが社会問題となっている。

厚生労働省によれば，児童相談所での児童虐待の相談受理件数は統計を取り始めた1990年度の1101件から毎年増加しており，2015年度には10万3286件となっている**➡15**。安心できるはずの家庭において，心身を傷つけられる子どもがいる**➡16**。そればかりではなく，子どもの生活は保護者の労働形態や格差といった社会問題から生じた影響を受ける。問題は複雑で，その対応も単純に言い切ることはできなくなっている。子どもを取り巻く様々な問題が起きている状況のなかで，保育者に求められる役割は以前にまして多様化してきている。

■保育者としての使命の確認

子どもは幼稚園や保育所，認定こども園だけで生活をしているのではない。子ども本人ではどうにもできない問題を抱えたなかで生きていることもある。容易に解決しえない悲しみや苦しみを背負っている子どももいる。しかし，どんな不条理なことが社会や身近な

2章　幼稚園教育要領・保育所保育指針・幼保連携型認定こども園教育・保育要領にみる保育者像

家庭のなかに起こっていたとしても，子どもは幸せになるために生まれてきたかけがえのない命である。

　幼稚園教育要領や保育所保育指針，幼保連携型認定こども園教育・保育要領に示されているように，乳幼児期は人間形成の土台を築く重要な時期である。保育者は子どもたちが愛され，それぞれ自分を十分に発揮できる場を保障し，1人ひとりの成長発達を支える役割を果たしていかなければならない。どのような状況にあっても，幼稚園や保育園，認定こども園に行けば自分を受け止めてくれる保育者がいて，ともに遊ぶ友だちがいて，今日も楽しい何かがきっと待っているという思いを持てるならば，どんなにうれしいことだろう。

　子どもの命を守り，子どもの最善の利益を守り，子どもの尊厳性を守る責任を担い，「児童憲章」や「子どもの権利条約」を実践のなかに生かしていこう ➡17。なお，「全国保育士会倫理綱領」➡18 は，保育士だけでなくすべての保育者が担う役割の責任を確認するものとして読んでおきたい ➡19。

　子どもは無限の可能性を持っている。その力を信頼し，その子に添ってともに生きていく。子どもを信ずるということは，子ども1人ひとりの可能性を信じて待つことである。待つことができないがために，子どもに強制をさせてはいないだろうか，あるいは指示・命令をしてはいないだろうか。子どもの無限の可能性を信じて子どもとともに歩みたい。

　また，様々な保育の場面で，子どものできること，できたことへの評価だけになってはいないだろうか。保育者はできるまで，あるいはできなくともその過程で，その子のどのような思いが生まれ，どのような姿が見られたのか，どのような人間模様があったのかを大切にしたい。結果だけではなく，友だちとのふれあいや支えてくれた保育者の存在といった人間関係のなかでの結果であるということを子どもにつなげていきたい。人とのかかわりや遊びを展開する

童相談所などの関係機関に通告し，適切な対応を図ることが保育所の役割として記されている。

➡17 「児童憲章」は日本国憲法に基づき，すべての児童の幸福を図るため，1951年に定められた憲章である。「子どもの権利条約」は子どもの基本的人権を保障するため，1989年に国際連合が採択した国際条約であり，日本は1994年に批准している。

➡18 全国保育士会が策定し，全国保育協議会協議員総会（2003年3月4日）および全国保育士会委員総会（2003年2月26日）にて採択された。保育士及び保育に携わる者の職業倫理であり，専門職としての行動規範や職務内容の目標を立てたもの。前文と全8条からなる。

➡19 「全国保育士会倫理綱領」前文
私たちは，子どもが現在を幸せに生活し，未来を生きる力を育てる保育の仕事に誇りと責任を

31

もって，自らの人間性と専門性の向上に努め，一人ひとりの子どもを心から尊重し，次のことを行います。

　私たちは，子どもの育ちを支えます。

　私たちは，保護者の子育てを支えます。

　私たちは，子どもと子育てにやさしい社会をつくります。

過程のなかでの失敗や再挑戦したときの自分の意欲，努力した自分や子ども同士の育ち合いを認めていきたい。

　子どもたちとの出会いは保育者にとってかけがえのない命との出会いである。それぞれに輝く命への畏敬を持って，子どもたちとの日々を大切に過ごしたい。かけがえのない自分とかけがえのない他者を愛する子どもたちを育てていこう。

参考図書

柏女霊峰監修，全国保育士会編『改訂版 全国保育士会倫理綱領ガイドブック』全国社会福祉協議会，2009

灰谷健次郎『灰谷健次郎の保育園日記』小学館，1985

福井達雨『ゆっくり歩こうなあ──愛の心で出会いたい』海竜社，1995

3章 保育者の職務
——資格，要件，責務

1 保育者の資格

■幼稚園教諭，保育士，保育教諭の違い

　私たちが「保育者」という言葉を用いる場合，この言葉には暗黙のうちに３種類の職種が含まれている。幼稚園教諭，保育士，保育教諭 ➡1 である。つまり，「保育者」とはこれら３つの職種を統括する言葉なのである。幼稚園教諭，保育士，保育教諭は，同じ「保育者」という言葉で括られてもその中身は制度的に大きく異なる。そこで本節において「保育者」の資格について，まずは幼稚園教諭，保育士，保育教諭の制度上の差異について概観することにしたい。３者の違いを表 3-1 に整理しておく。

➡1 保育士は，以前は「保母」と呼ばれていたが，1999 年より「保育士」と呼称が改められた。男性の保育者が増加したことや，男女共同参画社会が推進されたことが改変の理由にあげられる。

表 3-1 幼稚園，保育所，幼保連携型認定こども園の違い

	幼稚園（幼稚園教諭）	保育所（保育士）	認定こども園（保育教諭）
監督官庁	文部科学省	厚生労働省	文部科学省 厚生労働省
種別	教育施設	福祉施設	幼保一体型施設
法的根拠	学校教育法	児童福祉法	就学前の子どもに関する教育，保育等の総合的な提供の推進に関する法律
資格	幼稚園教諭	保育士	幼稚園教諭 保育士
対象	満３歳〜 小学校就学前	０歳〜 小学校就学前	０歳〜 小学校就学前
保育時間	原則として １日あたり８時間	標準で １日あたり４時間	４時間利用にも 11 時間利用にも対応

33

■保育者となるために必要な免許状，国家資格

保育者になるためには，その最低条件として免許状もしくは資格の取得が必要となる。幼稚園教諭には，「幼稚園教諭免許状」，保育士には「保育士資格」◆2，保育教諭には「幼稚園教諭免許状」と「保育士資格」の両方の取得が求められる。

保育者を目指すにあたって，多くの人は指定保育士養成校（保育者養成課程のある大学，短期大学あるいは専門学校など）で所定の単位を取得し，免許や資格を取得する。このうち幼稚園教諭免許状には以下にあげる3種類（専修・一種・二種）の免許状がある。

◆2 保育士は2001（平成13）年の「児童福祉法の一部改正」をつうじて，国家資格となった。

---

①「二種」…短期大学・専門学校など，2年以上の課程修了者に与えられる免許状
②「一種」…4年制大学など「学士」を有する課程修了者に与えられる免許状
③「専修」…大学院の必要な課程修了者に与えられる免許状

一方，保育士資格には上に記した幼稚園教諭免許のように養成課程の年限に応じた資格の違いはない。保育士資格に関しては，指定保育士養成校で資格を取得する以外に，保育士試験によって資格を取得する方法もある。保育士試験とは，各都道府県が実施する試験制度のことであり，毎年夏に実施され，8科目の筆記試験と保育実習実技試験が課される。この試験に合格すれば保育士資格が得られることとなる◆3。

◆3 2003（平成15）年より，保育士の資格を取得した者は，各都道府県知事への登録が義務づけられている。

2 保育者の要件

前節では，保育者となるために必要な資格について示したが，免許状や資格は，あくまでも保育者となるために「制度的」レベルで必要とされる最低条件にすぎない。当然のことではあるが，免許や資格を取得しさえすれば，自ずと誰もが良き保育者となれるわけではないのだ。そこで本節では，保育者に求められる要件について見

ていくことにしよう。

■豊かな人間性

まずは表3-2をみていただきたい。この表は「保護者から見て望ましい保育者」とはいかなる存在かアンケートに基づいて作成されたものである。この表をみていくと，保護者から見て望ましい保育者像が浮かび上がってくる。

表3-2 保護者からみて望ましい保育者 ➡4

教養がある	9.0	研究熱心	23.0
子どもの気持ちがわかる	80.6	ピアノがうまい	1.2
明朗・快活	48.7	やさしい	18.2
厳しい	5.2	公平な	51.4
ユーモアのある	17.0	冷静な	11.2
健康な	33.0	清潔な	4.8
言葉使いが正しい	12.1	円満な	6.7
若い	1.0	経験年数の多い	11.5
信仰を持った	2.3	未婚の	0
自分の子供を育てたことのある	9.1	父兄の話をよく聞いてくれる	11.6
伸び伸びと指導する	66.7	子ども好きな	54.1
叱らない	3.1	休まない	7.0

保育者に求められる要素が，「ピアノのうまさ」などの技術的要素にあるのではなく，「子どもの気持ちが理解できること」や「子ども好きであること」，「明朗・快活であること」など，保育者の人間性にかかわる要素に集中している点に注目すべきである。幼児にとって保育者は憧れの存在であり，子どもたちは日々，保育者の言動，態度，行為，ものの見方などから全人格的に影響を受けている。模倣をつうじて学ぶ子どもたちにとって，その模倣対象である保育者の人格がいかに重要か，想像に難くないであろう。このため保育者には子どもを惹きつける人格的魅力が求められるのである。こうした魅力は，人間の内側から自然に滲み出てくるものであり，保育者自身の人間性が試される部分でもある。したがって，保育者は保

➡4　田中, 1988;
田中敏明編『新しい保育・理論と実践』ミネルヴァ書房, 1991,
p.169。

育の場面のみならず，毎日の生活のなかで常に感受性や考え方を磨いてゆく必要があるのだ。

■使命感

　保育者は，子どもの命を預かる職業である。親に代わって尊い命を預かる保育者には大きな責任が伴い，生半可な動機で勤まるものではない。子どもの命を預かり，次代を担う子どもを育ててゆく保育者には職に携わる上で「使命感」が求められるのである。ドイツ語の Beruf と英語の Calling はともに「天職」という意味とともに「使命」という意味を持つ。つまり，「天職」という語のうちには，その背後に「神から与えられた使命」という意味が込められているのだ。保育者が自分の職を天職と思えるか否かはきわめて重要なポイントである。天職についているという自覚は使命感を湧き上がらせ，この使命感は仕事の充実感とも密接に結びつく。そして保育者が使命感をもって日々の実践に臨んでいけるかは，前項でも触れた人間的魅力の問題と無関係ではない。やりがいを持って（使命感に満ちて）保育実践にかかわってゆけば，おのずと内側から魅力があふれ出すはずである。保育という仕事に使命感を感じられるかどうか，この点は，保育者の要件として最も大きな点である。

■その場その場に応じた「判断力」

　子どもたちは日々成長し，刻一刻と変化してゆく。そして日々の実践において，保育者は目まぐるしく移り変わる状況の只中に置かれることとなる。そうしたなかで状況を瞬時に把握し，その都度，適切な働きかけを行ってゆくためには，優れた「判断力」が必要となる。保育者に限らず，あらゆる職業において「判断力」を磨き上げるということは，プロになる上で不可欠の課題である。
　ここで求められる「判断力」は単に知識を増やすだけで磨かれるものではない。「判断力」を身につけるには経験の蓄積が求められ

るのである。ここでいささか唐突ではあるが，看護師の看護技能の習熟過程について整理したベナー（Benner, P., 1942～）の研究を参照しよう。ベナーが描き出した過程は，看護師の世界に限らずあらゆる職業の場面にあてはまると考えられる。ベナーは，看護師が技能的に習熟してゆく過程で「初心者」「新人」「一人前」「中堅」「達人」の五段階の過程を辿ることを示した。「初心者」は，与えられる仕事のみをこなし，処理できる範囲内のことだけをする。規則だけを忠実に守り応用がきかない。「新人」に至ると仕事の「文脈」が見えるようになる。全体の流れや様子を把握でき，変化を察知できる。「一人前」は今，ここで何が大切かを瞬時に判断し，全体との関連のなかで決定を下せる。その場に応じて物事を処理する順番を組み立てたり，場合によっては当初の計画を変更したりすることもできる。臨機応変の対処が可能となるのだ。「中堅」に至ると作業の全体を見渡せて，大きな流れをとらえてそのなかに没入できる。ほとんどのことが無意識にできるようになり，必要に応じて事態を分析的にとらえ直したり，視点を変えて全体を見直したりすることができるが，ただちに元の自然な流れに戻ることができる。「達人」は「直観」が研ぎ澄まされており，説明はあとからやってくる。「達人」の域に達した看護師は「患者の病状の悪化を感じ取り，医者に対応策を促す場合もある。あるいは逆に，医者がほとんど絶望視している患者に対して回復の可能性を感じ取り，特別の看護を続けて回復させる場合もある」🔙5。このような「初心者」から「達人」に至る習熟過程は，何も看護の世界だけの話ではなく，保育の世界においてもあてはまるだろう。絶えず生成変容してゆく子どもたちを相手にする保育者もまた事態を直観的に把握し，適切な判断を下してゆく「達人」を目指すことが求められるのである。こうした「判断力」は，個別の具体的な事態に即した実践の経験のなかで獲得されるものであり，覚え込まされる類のものではない。

🔙5 佐伯胖・藤田英典・佐藤学編『シリーズ学びと文化①学びへの誘い』東京大学出版会, 1995, p.36。

■十分な知識と現実を把握する力

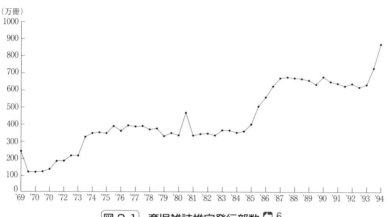

図 3-1　育児雑誌推定発行部数 ▶6

▶6　汐見稔幸『幼児教育産業と子育て』岩波書店, 1996, p.124。

　保育者には子どもに対する客観的知識も不可欠である。日々子どもを観察する上で，心理学や教育学，社会学などの様々な専門的研究から得られるものは大きい。保育者はそのような専門的知識に通ずることで，客観的見地からも日々の実践を意味づけてゆく必要がある。専門的知識は保育者自身が実践を行っていく上で不可欠なだけでない。保護者の相談者として，保護者の悩みによりそう際にも，そうした専門知識は有効なのである。この点をめぐって，興味深いデータがある。このデータが示すところによれば，現代においてわが国では出生率が低下している状況にあるにもかかわらず，90年代にかけて育児雑誌の発行部数が増えているのである。育児雑誌の発行部数が，出生数に反比例して増えているのだ（図3-1）。

　このことは何を示しているのだろうか。様々な要因が考えられるだろうが，ひとつの要因として子育ての「孤育て」▶7化があげられるのではないか。都会に住む保護者などは子育ての悩みを相談する相手を持たない者も多く，子育てをする上で直面する問題の解決

▶7　孤育てとは，母親が夫や親族などからのサポートを得られず，孤立状態で行う子育てを意味する。

策を育児雑誌のなかに求める傾向が見て取れる。そうした子育ての悩みを共有する場を求めている保護者に対し，保育者にはアドバイザーとして保護者の悩みに適切な助言を与えてゆくことも必要となってくる。その際，専門的な知識を有していることは非常に重要なのである。

3 保育者の責務

■子どものプライバシーの尊重

保育者にとって「守秘義務」は極めて重要な義務である。保育者として日々の活動を営んでいく上で，子どもの生育歴や家庭の状況，あるいはその子ども自身の身体の問題など，プライバシーにかかわる情報を知る機会は多々あるだろう。当然のことではあるが，これらの情報は機密事項であり，安易な口外を避け，細心の注意を払うべきである。

■どのような子どもであっても愛する義務を持つ

先の「望ましい保育者」の要件を示したデータにも現れ出ていたが，保育者にとって子どもとかかわる上での「公平性」もまた極めて重要な要素である。平等に子どもたちに接し，平等に愛するということが保育者の責務となる。子どもたちを平等に愛し，公平に接し，子どもたちの可能性を信じるということは，単に綺麗ごとの次元の話ではない。保育者が無意識レベルでもっている子どもへの期待は，子どもたちに伝播し，実際に子どもの成長に影響を及ぼすということが心理学の実験によって明らかにされている。ローゼンサール（Rosenthal, R., 1933～）らによって発見された「ピグマリオン効果」である。ピグマリオンとはギリシア神話の登場人物である。ピグマリオンは自らが彫った彫刻に恋をし，人間になって欲しいと

願ったところ，その願いをビーナスにかなえてもらった。心理学の実験によれば，この神話のごとく，教師から期待される児童は成績が伸び，逆に先生からの期待が得られない生徒は，成績も落ち込むのだという。教師が持っている子どもへの印象，態度がいかに子どもたちに直に影響を及ぼすかがこの実験で明らかにされた。単なる理想論ではなく，現実的問題として，保育者には子どもたちに対し，等しく愛を注ぎ，子どもたちの成長を信じることが求められるのである。

■子どものありのままの姿をみつめる眼差し

先に専門的知識を有することは保育者にとって重要と述べた。しかし，知識に縛られ，ありのままの子どもを観察することを怠ってはならない。それは最も避けられるべきである。保育者には知識を絶えず実践のなかで血肉化してゆくことが求められるのであり，時に応じて知識よりも経験に基づく自らの判断を信ずる必要がある。ベナーの分類における「達人」のうちにみられるように，知識と経験を十全に兼ね備えた者は，常に自分の目を信じ，直観的に現状を把握し，その都度最良の答えを選びとってゆくのである。

4 保育者の1日

「保育者」と呼ばれる専門職の仕事の内容は，多岐にわたる。保育者の日ごとの職務について知るために，保育者が勤務する場である，保育所，幼稚園，認定こども園，児童養護施設における保育者の仕事内容をみてみよう。それらのなかにみられる違いと共通点から，保育の現場で働く保育者のイメージを描いてみたい。

■保育所（保育園）

保育所は，児童福祉法（2015）の規定に基づいて設置される児童

3章　保育者の職務

福祉施設のひとつである。「保育を必要とする乳児・幼児を日々保護者の下から通わせて保育を行う」ことを目的としている。保育時間は，各保護者のニーズに基づき，おおよそ8〜11時間となっている。

　保育所では乳幼児が無理のない安定した生活ですごせるように配慮されている。保育者の共同によって子どもを「保育」していく体制が組まれており，特に子どもの心身の状態などに関する情報伝達，引き継ぎには，きめ細かい配慮が必要とされる。

　保育者の一日は 表3-3 のような流れになっているのが一般的である。保育者の勤務は，多くの場合，早番，普通番，遅番（その類型を含める）というシフト制になっている ▶8。

　保育所では，おおむね0〜3，4歳児の子どもたちが午睡をする。子どもが午睡している間，保育者は表3-3で示した他にも，保育日誌の記入，保育室等の掃除，会議，行事の計画・準備，他機関との連携など様々な仕事をこなしている。保育所では子どもを長時間にわたり預かるため，全員が揃う職員会議は日中に行うことが難しい。職員会議は，情報交換や意思統一のための重要な機会であることから，子どもの降所後に月に1，2度行われているのが通例である。

　現在では，個別の配慮を必要とする ▶9 乳幼児や家庭に対する支援のために他機関との協力体制を組むこ

▶8　保育所は土曜日も開所しているため，月〜土で週5日間（40時間）勤務となるように，交代でシフトが組まれていることが多い。

▶9　例えば，特別支援教育，アレルギー児，外国籍児童等に対する支援や，虐待など家庭の養育の問題を抱える子どもたちとその保護者たちに対するものである。

表3-3　保育所保育者の1日
——1歳児クラスの例——

7:00〜9:00	早朝保育【早番】
9:00〜	子ども登所（受け入れ） 視診，保護者からの伝達 自由遊び
9:30	おやつ　　排泄の援助
10:00	導入（手遊び，絵本など） 設定保育 自由遊び 排泄，手洗い
11:00	昼食（給食） 排泄，午睡準備，自由遊び
12:30	午睡 （この間に，休憩，連絡ノート記入，保育準備，話し合い，等）
15:00	着替え，排泄の援助
15:15	おやつ 排泄，帰りの用意
16:00	自由遊び（おもに園庭で） （順次降所）家庭への連絡
17:00〜19:00	長時間保育【遅番】

41

■10 親の育児
経験，母親の子
育ての負担感，
ストレス等に関
しては以下に詳
しい。
原田正文『子育
ての変貌と次世
代育成支援——
兵庫レポートに
みる子育て現場
と子ども虐待予
防』名古屋大学
出版会，2006。

とが重視されている。また，地域の乳幼児とその保護者に対する子育て支援も保育者の重要な仕事のひとつとなっている。

■幼稚園

幼稚園は文部科学省管轄の学校の一種である。そのため，保育所に比べると，「学び」や「気づき」といった教育的視点が大切にされている。

幼稚園での保育者の1日の流れは，表3-4のようになっている。4時間の保育時間が標準であるが，近年では，保護者のニーズにより，預かり保育を実施している園が増えてきている。また，私立幼稚園では，園児の送り迎えのため，バス乗車が交代で行われていることが多い。

幼稚園では，3，4歳になって初めて集団生活を送ることになる幼児が多い。そのため，生まれてからともに暮らしていた子どもを園に預ける親にとっても不安や葛藤があり，親同士をつなげる役割も保育者の重要な仕事となっている。なぜならば，親同士のつながりや支え合いが親の不安を軽減させるからである。

また近年は，親になるまで乳幼児にかかわった経験がない保護者■10も少なくない。入園時におむつがとれてなかったり，箸が持てなかったりする子どもなど，しつけ面や生活習慣面でも，保育者が対応しなければならない場合も

表3-4 幼稚園保育者の1日

8:00	出勤 保育準備 環境整備（保育室，園庭の清掃，等）
8:45	職員打ち合わせ
9:00～	園児を迎える 健康状態チェック，身支度の援助 自由遊び
10:00	朝の会，出席確認 クラス活動（設定保育） 自由遊び 片づけ，昼食準備
12:00	昼食（お弁当，または給食） 自由遊び，降園準備
14:00～15:00	園児降園 保育室の片づけ，園庭整備 休憩
15:00	環境整備 書類（保育計画，行事等） 職員会議，学年打ち合わせ 研修 （翌日の）保育の準備
17:00	勤務終了

3章　保育者の職務

ある。

　園児の降園後，保育者は表3-4以外にも，書類作成（保育日誌，幼児指導要録，園だより，話し合いのための資料），週案会議，他にも，家庭訪問，懇談，PTAや地域，小学校との話し合いなど，多岐にわたる仕事を抱えている。また，夏休みなどの長期の休みには，園外研修や環境整備（草刈り，倉庫の掃除，ペンキ塗り等），前学期の記録作成，翌学期の保育計画などの業務もある。

　他機関との連携や「子育て支援」は幼稚園においても今後ますます必要とされるであろう。

■認定こども園 ➡11

　認定こども園は2006年10月からスタートした「小学校就学前の子どもに対する教育及び保育並びに保護者に対する子育て支援の総合的な提供を行う施設」である。認定こども園には，4つのタイプが認められている ➡12。基本となる保育施設によって，保育者の仕事内容や勤務体制は多少異なっている。

　表3-5（44頁）は，幼保連携型の1日の流れを追ったものである。幼保一体化を考える上で，3〜5歳の短時間児・長時間児 ➡13 の対応は重要である。保育の流れ，保育者のシフト等を考慮した上で，それぞれの園で子どもに負担のない形での保育のあり方，連携のあり方が工夫されている。

　「認定こども園」制度はまだ歴史は浅い。しかし以前から「同じ年齢の子どもには同じ保育・教育内容を」という幼保一体化への現場の思いや必然性から，独自の取り組みを行ってきた幼稚園，保育園も少なくない。2015年度以降の「子ども・子育て支援新制度」 ➡14 の枠組みのなかで，各現場では可能な資源（財政，施設規模，設備，人数配置等）を活用し，試行錯誤しながら，保育の一体化に取り組んでいる現状である。

➡11　認定こども園の特徴としては，「幼稚園機能」と「保育所機能」を持ち，「地域の子育て支援を行う」ことである。

➡12　①幼保連携型，②幼稚園型，③保育所型，④地方裁量型の4タイプがある。

➡13　新制度（注14参照）のなかでは，3歳児以上の短時間児，長時間児，3歳未満児は，行政上はそれぞれ，「1号認定」「2号認定」「3号認定」と区分されている。しかし実際の保育の中では，クラスの名称を分けることなく，一体的に運営されていることが多い。

➡14　幼児期の教育・保育，地域の子育て支援の量の拡充や質の向上を進める仕組みとして，2015年4月にスタートした。詳しくは内閣府HP「子ども・子育て支援新制度」。

43

表3-5 認定こども園の1日——幼児クラスの例——

	【短時間児】	【長時間児】
7:00〜9:00		早朝保育
	【共　通】	
9:00〜	登園 自由遊び	
10:00	朝の会 設定保育	
11:30	片づけ，昼食準備	
12:00	昼食 歯磨き，掃除 自由遊び　片づけ	
13:30	降園準備 帰りの会	延長の部屋に移動
13:40		午睡／自由遊び（年齢による）
14:00	降園	
15:00		目覚め，排泄，着脱／片づけ
15:20		おやつ
16:00		降園準備 自由遊び
〜18:00		順次降園

■児童養護施設

　児童養護施設は，保育所と同じ「児童福祉施設」のひとつである。おもに，家庭での養育が困難な2歳から18歳未満の幼児，児童が入所し生活している。直接子どものケアや指導に当たるのは，保育士と児童指導員である。ただし，この2つの職種，名称は資格として異なるものの，業務内容の違いは明確ではない。つまり「保育士」であっても，小中高生の指導やケアにあたることもあり得るのである ➡15。

　表3-6は，保育者の1日を表したものである。児童養護施設は24時間対応の施設であるため，勤務形態はおおむね交替勤務制で，夜勤もふくめた3タイプのシフトが組まれているのが一般的である。施設によっては「住み込み」の勤務もある。

➡15 児童福祉施設の生活形態には，人数によって「大舎制」「中舎制」「小舎制」があり，生活グループも縦割り型，横割り型，混合型などがあるため，担当は必ずしも年齢だけでは分けられない。

3章　保育者の職務

表3-6　児童養護施設の1日——小学生担当の例——

	【児童】	【保育者】
6:00		朝食準備
7:00	起床，洗面，着替え	児童に声掛け，指導
7:20	朝食	食事指導
	登校準備	持ち物等点検
8:00	登校	見送り
9:00		職員朝礼
		洗濯，掃除，雑務
		休憩
13:30		職員引き継ぎ
14:00～	下校	学校との連絡確認等
	おやつ	おやつ準備，片づけ
	宿題	学習指導
	自由時間	部屋掃除
17:00	入浴	入浴指導
18:00	夕食	夕食準備，後片付け
19:00	自由時間	アイロン，部屋片づけ
	就寝準備，トイレ	歯磨き指導
		着替えなどの点検
20:00	就寝（低学年）	就寝見守り（本読みなど）
21:00	就寝（高学年）	消灯，安全点検
		日誌等記録，翌日の準備

　児童養護施設の保育者（職員）の仕事は，保護者の「代替」という機能をもっている。つまり，一般的に家庭で親が行っている家事や，子どもにかかわるケア，すべてを行っているのである➡16。また，保護者との連絡・調整も，重要な仕事の一部となっている➡17。

　最後に，児童養護施設での仕事を考えている人に，ある職員が語った言葉を紹介しておく。

> 「もし担当になったあなたが途中でやめるようなことになるなら，（親に虐待を受けて入所してきた子にとっては）再度『虐待』を受けることになるということを心にとめておいてほしい。」

➡16 児童養護施設での仕事の詳細については，以下の文献に詳しい（特に巻末の資料編）。児童養護研究会編『養護施設と子どもたち』朱鷺書房，1994。

➡17 1997年の児童福祉法の改正以降，「家庭環境の調整」が児童福祉施設の役割として明記されるようになった。つまり，家庭の再構築に向けての役割も求められているのである。

その「覚悟」を，児童養護施設職員は自らに一度問い直すべきであろう。

以上，4種類の保育施設における保育者の仕事を紹介してきた。すべての子どもは養護を，保育を，教育を必要としている存在である。そして，子どもはそれぞれ固有の現実（状況，経過）とニーズを持って生きている。とりわけ家庭の養育機能の弱体化現象が顕著な現代においては，個々の必要に応じて社会が家庭養育を支援，補完，代替する「公的な養育保護」➡18が一層重要になっている。保育者はその一端を担う大事な役割を持っている。幼稚園，保育所，児童養護施設という制度的枠組みや，教育・保育・養護という機能にしたがって分類するのではなく，保育者として，子ども1人ひとりに向き合い，子どもが必要としているケアを行っていくことが求められている。それが保育者の職務であり，責任であろう。

➡18 網野武博・栃尾勲編『新版・養護原理』チャイルド本社，2003。

参考文献

大阪保育研究所『「幼保一元化」と認定こども園』かもがわ出版，2006

佐伯 胖・藤田英典・佐藤 学編『シリーズ学びと文化①　学びへの誘い』東京大学出版会，1995

汐見稔幸『幼児教育産業と子育て』岩波書店，1996

全国児童養護施設協議会『この子を受けとめて，育むために——育てる・育ちあういとなみ』平成20年

田中敏明編『新しい保育・理論と実践』ミネルヴァ書房，1991

田中亨胤・中島紀子編『幼児期の尊さと教育』ミネルヴァ書房，2001

原田正文『子育ての変貌と次世代育成支援——兵庫レポートにみる子育て現場と子ども虐待予防』名古屋大学出版会，2006

山縣文治・林浩康編『よくわかる養護原理』ミネルヴァ書房，2005

4章 保育職に求められる専門性と人間性

1 専門職としての保育者

■保育のプロとしての自信を持つ

　近年，保育（乳幼児期の養護と教育，英語ではEarly Childhood Education and Care の頭文字を取って ECEC と呼ばれる）の重要性が世界的に認識されるようになってきている。たとえば OECD 教育委員会は，乳幼児期の発達が人間の学習と発達の基礎形成段階として非常に重要な意義を持つということに着目し，世界各国における保育の政策の現状を調査した結果を『スターティング・ストロング（人生の始まりこそ力強く）』という報告書にまとめている ▶1。さらに，続編である『スターティング・ストロングⅢ』において保育の質を向上させる上で効果的とされる5つの政策手段のうち，3番目に「資格，訓練，労働条件の改善。ECEC のスタッフは，子どもの健全な発達と学習を確保する上で重要な役割を果たす。改革を要する分野として，資格，初期教育，専門能力開発，労働条件などが挙げられる」とし，保育者の専門性の向上が世界的に求められていることを示している ▶2。

　また，就学前に適切な保育を受けることが大人になってからの経済状態や生活の質を高めることにつながるというアメリカの労働経済学者ヘックマン（Heckman, J.J., 1944 ～）の実証的な研究が日本に紹介され ▶3，わが国の保育政策にも大きな影響を与えている。ヘックマンらの研究によって，学力テストや IQ テストなどで測定

▶1　OECD編著，星三和子・首藤美香子・大和洋子・一見真理子訳『OECD保育白書——人生の始まりこそ力強く：乳幼児期の教育とケア（ECEC）の国際比較』明石書店，2011。

▶2　OECDホームページ「子どもの学習と発達の向上には品質基準が不可欠」を参照。

▶3　大竹文雄「就学前教育の投資効果から見た幼児教育の意義——就学前教育が貧困の連鎖を断つ鍵となる」ベネッセ教育研究開発センター『BERD』No.16，2009。

される認知的能力と比べて、非認知的能力を伸ばすことがとりわけ乳幼児の段階において重要であることが明らかになった。非認知的能力は、社会情動的スキルとも呼ばれ、目標や意欲、興味・関心を持ち、粘り強く、仲間と協調して取り組む力や姿勢などを指す▶4。このように乳幼児期の重要性が脚光を浴びるようになってきた一方で、社会情勢の変化から、出産後も仕事を続ける女性が一般的になり、より質の高い乳児保育、教育が求められるようになった。また、子育てに思い悩む保護者も多く、子育て支援の要素が保育の専門家としての保育者に期待されるようになった。

　このような流れを受けて、2015年には「子ども・子育て支援新制度」が導入され、2017年には「保育所保育指針」「幼稚園教育要領」「幼保連携型認定こども園教育保育要領」が改訂（定）された。保育所保育士、認定こども園保育教諭、幼稚園教諭（これらをまとめて保育者と総称する）のいずれにも共通して、幼児期の終わりまでに育ってほしい姿を見据えた上での保育の計画と評価を行うことが求められている。また、資質向上のための研修を受けるなど、キャリアパスを見据えた学び続ける保育者としてのあり方が明確化された。

　このように、保育職は高度な専門性を求められる専門職であり、その専門性へのニーズがますます高まってきている。保育者を目指す学生は改めて誇りと自覚を持つ必要がある。その上で、養成校等でまず保育に関する専門知識を得て、学内や学外における実技や実習を通じてその知識を実践の場で活かしていく技術や力を身につけることが大切となってくるのである。

2 保育を支える人間性

■人間性の豊かさ

　岸井は、保育者の専門的な知識や技術、すなわち保育者の「技」

▶4　ベネッセ教育総合研究所，これからの幼児教育, 2016, pp.18-21。

や「腕」は,「それを活用する保育者自身の人間性の豊かさや幼児の気持ちを深く理解することが裏づけになってはじめて生きる」[5]と述べる。技や腕を磨くことは必要であるが,何より,子どもと1人の人として向き合う真摯な人間性があってはじめてその技や腕が子どもの成長に活かされるのである。次に,津守真の保育者の定義をあげてみよう。

> ・保育者は子どもの側に立って子どもとかかわる人である。
> ・保育者は教室場面だけでなく日常的に生活の中でかかわる人である。
> ・保育者は子ども自身が自分の活動をするように環境をつくる人である。
> ・保育者は子どもを客観的に見るのではなく,いっしょに笑い,子どもとともに何かをする人である。
> ・保育者は一方的に教えるのではなく,いっしょに笑い,子どもとともに何かをする人である。
> ・かかわるときには,自分も生命的になり,相手の生命性をも生かす。
> ・かかわるときには,相手を尊敬の心をもって見ることが根底にある。
> ・かかわるときには,大人の概念の枠にはめて相手を見るのではなく,人間に直接ふれ,その子が感じている悩みに共感する。
> ・保育というと乳幼児を対象と考えやすいが,大人や老人にまでひろげて考える。
> ・乳幼児とのかかわりは,保育の原点を示している。年齢が大きくなると生活場面が違い,具体的配慮は異なってくるが,保育者としてのかかわりの根本は共通である。

　近年,赤ちゃんの研究が進み,出生直後から赤ちゃんには驚くほど様々な能力が備わっていることが明らかになってきている[6]。また,井桁は,「大人たちが子どもに送るまなざしよりも,子どもたちのほうがずっとたくさんのまなざしを送って」おり,「そのまなざしは本質を見抜く正確さ」を持っていることを多くの事例から明らかにしている[7]。赤ちゃんや子どもは,何も知らない,できない,大人から見て何かが欠けているような存在ではなく,驚くほどの鋭さと,共感性と,大人や友だちに対する深い愛情を持った

[5] 岸井慶子「育つ,育ち合う保育者」森上史朗・岸井慶子編『保育者論の探求』ミネルヴァ書房,2001,pp.82-92。

津守真「保育者としての教師」佐伯胖他編『教師像の再構築』岩波書店,1998。

[6] 遠藤利彦『赤ちゃんの発達とアタッチメント——乳児保育で大切にしたいこと』ひとなる書房,2017。

➡7 井桁容子
『子どもの見方が
変わる　みんな
の育ちの物語』
フレーベル館,
2011。

➡8　ボルノウ
著,森昭・岡田
渥美訳『教育を
支えるもの』黎
明書房,2006。

可能性の塊であり,1人ひとりの子どもの存在に畏敬の念を持って
「いっしょに笑い」「ともに何かを」すべきなのである。

■子どもの育ちを支える保育者

ドイツの教育学者ボルノウ（Bollnow, O.F., 1903〜1991）は,子ど
もが正しい発達を遂げていくために必要な家庭的雰囲気について
「子どもの被包感」という言葉を用いて説明している。子どもは,
信頼され安定感を与える者から放射される感情が満ちている家庭的
な環境のなかで,特定の愛する他者,多くは母親に対する絶対的な
信頼関係を持つことで世界のなかに安心して住むことを覚える。子
どもが見知らぬ何かによって脅かされたとき,母親が子どもを腕に
抱き上げ微笑みかける,その母親への信頼が,他の人々への信頼へ
とつながっていき,子どもは徐々に外の大きな世界へと歩を進めて
いくのである ➡8。

多くの場合,子どもが母親や父親（祖父母）の次に出会う重要な
他者は保育者ということになる。乳児期から幼児期にかけてのこの
「子どもの被包感」を育むべき時期に子どもの傍らにいる存在とし
て,保育者は保護者やそれに代わる人とともに,子どもがこれから
生きていく世界に対する絶対的な信頼感を得られるように,子ども
の笑顔を守り育てていける温かい雰囲気を子どもとの空間に保つこ
とが大切である。

しかも,すべての子どもが母親との絶対的な信頼関係のもとにこ
の被包感を得ることができるというわけでもない。何らかの事情で
母親と一緒に生活することができない乳幼児もいれば,母親が育児
不安や虐待などに苦しんでいることもありえるのである。保育者は
母親に代わることはできないにしても,できる限り母親に近い存在
として,家庭的な環境のもとに保育を行っていくことで子どもが世
界への信頼感を得る一助となることができるのである。

もっとも,子どもが成長し,その独立性が増すにつれて,子ども

にとって絶対的な存在だと思われていた大人，子どもに対して助力を惜しまない大人であっても，完全な存在ではないということが明らかになってくる。ボルノウも指摘するようにこれは子どもにとっては「被包感の危機」ともいえる。

保育者とて，まだ人格形成の途上にある存在であり，未熟な部分もたくさんあるのが通常である。しかし完全な人間だから子どもを十全に保育できるというものでもない。自らの不完全さを認識し，日々善く生きたい，子どもとともに善く生きたいという強い願いを持っている保育者であれば，子どもが「被包感の危機」に直面したとしても，「人間の善さ」を感じ「世界への信頼」を取り戻すことが可能となる。また真摯に子どもに接する姿は，その保護者や同僚の信頼へとつながる。間違えたり失敗したりすることがあったとしても，ひとつひとつの失敗を糧にして乗り越え，周囲の人と支え合い学び合いながら人間として成長していくことができるのである。このためにも，保育者自身ができないこと，苦手なことに勇気を持って取り組む姿を子どもに示していくことがともに育ち合うために求められることといえるだろう。

❸ 子どもの発達の理解

保育者を目指すにあたって，乳児期から幼児期にかけてのそれぞれの段階で，その時期の多くの子どもが示す発達の姿を学ぶ必要が出てくる。ひとつ例をあげて考えてみることにしよう。

生後 10 カ月頃から子どもはさかんに指さしをする。指さしは子どもが何か新しいものを発見したということを大人に教える行為であるといえる。大人は子どもの伝えたいというこの気持ちを知り，その感動を受けとめて共有していくことが大切である。そうすることで，子どもはさらに新しい世界を発見したいという意欲を強め，指さしたものについて大人が答えてくれたことば──「ワンワンだ

ね」など——を聞くことによって，ものには名前があるということを知っていく。このことがことばの獲得へとつながり，また大人との信頼関係を築いていくきっかけとなるのである。

　このように，子どもの発達とその意味を知ることで，保育者は子どもにとってよりよい働きかけ，援助を行っていくことが可能となる。ただしそれは，子どもの年齢，月齢を切り取って「○歳○カ月のこの時期には〜ができるようになる」という，その時期の多くの子どもが示す発達の姿（標準の発達）に個々の子どもを照らし合わせて「できる，できない」という判断を行うこととは違う。発達の姿は大筋でみればどの子どもも共通した過程をたどるとされるが，それぞれの子どもの発達の姿は必ずしも一様ではない。標準的な発達の基準で個々の子どもの状態を知ることには一定の意味はあるものの，それだけで十分な保育につながるとはいえないのである。

　ここで大切なのは，個々の子どもにとっての発達の意味を理解することである。和田修二によれば，子どもは「自分が前よりも大きくなる」「今までできなかったことができるようになる」ことを望んでいる ■9。このような子どもの内面に即した見方からすれば，1人ひとりの子どもにとって「発達する」ということは例えば「これまで手の届かなかった物を取ることができるようになる」「自分が友だちとの競争で勝てるようになる」，そしてそうなることで「自分がもっと大きな者達から認められ，その仲間に入ることができるようになる」ということを意味している。それぞれの子どもにとって，それぞれの「〜できるようになる」があり，そのひとつひとつにその子どもにとっての意味が伴っている。

　保育者は1人ひとりの子どもの内面の動きをみつめることで，この個々の子どもにとっての意味をみきわめ，その時その時に応じた対応（援助すること，見守ることなど）をしていくことが大切である。

　さらに，ヴィゴツキー（Vygotsky, L.S., 1896 〜 1934）の「発達の最近接領域」の理論について理解しておくことで，より個々の子ど

■9　和田修二
『教育する勇気』玉川大学出版部，1995。および『教育的人間学』放送大学出版会，1998。

4章　保育職に求められる専門性と人間性

もに応じた働きかけが可能になるといえる。「発達の最近接領域」とは，自力ではできないことでも誘導的な質問やヒントを出してやることでできるようになる領域のことをいう。すなわち，子どもにとって「ちょっとがんばればできるようになるかもしれない」という意欲を持てる課題を時機に応じて提示することで，発達を促すことにつながるのである。

さらにヴィゴツキーは子ども同士の学び合いにも目を向ける。子どもは周囲の子ども達の考え方ややり方を見て学び，模倣することで，できないこともできるようになっていく🔁10。つまり「友だちのように～ができるようになりたい」「友だちと一緒に遊ぶために～できるようになりたい」といったように，あこがれる存在，少しがんばれば追いつける存在が近くにいるからこそ，発達を促す原動力が生まれるのである。保育者には，1人ひとりの子どもが子ども達の集団のなかでどのような位置づけにあり，そのことでどのような思いを抱いているかを理解していくことが求められる。

🔁10　柴田義松『ヴィゴツキー入門』寺子屋新書, 2006。

4　1人ひとりの子どもへの深い理解
——家庭との緊密な連携

子どもはそれぞれ異なった家庭に育まれ，生活経験も異なっているし，それぞれ個性を持った存在である。新しい課題にどんどん取り組んでいこうとする子どももいれば，1歩を踏み出すのに時間がかかる子どももいる。いろいろな友だちと積極的にかかわろうとする子どももいれば，特定の友だちとの関係を強く求める子どももいる。だからこそ大切なのは，個々の子どもにとっての発達の意味を理解することなのである。

靴を早く自分で履けるようになりたいとがんばっているタクヤについて考えてみよう。彼にとっての「今，自分で靴を履けるようになることの意味」は，外遊びの時間に少しでも早く靴を履いて友だ

ちとの遊びに遅れずに参加できることである。保育者はこのタクヤの願いを理解し，受けとめることによって自分で靴を履けるようになるという課題を達成できるように支援する必要がある。と同時に，家庭での状況も把握することが大切だといえる。1人っ子で，仕事に忙しい母親がつい靴を履かせてしまうので，なかなか自分で履けるようにならないようである。そこで，保育者が家庭での様子を母親から聞き，園でのタクヤの努力とその背景にある願いを母親に伝えることで，保護者と協力してタクヤが目の前の発達課題をクリアすることを見守り支える体制づくりが可能となる。このように，1人ひとりの子どもが抱えている課題，その背景にある子どもにとっての意味，願いを理解し，家庭と緊密な連携を図ることで，よりよい子どもの育ちを支えていくことができるだろう。

　子どもが1日の大半を過ごしている家庭の状況はそれぞれ様々に異なる。多くの親は自分の子どもを何ものにも代えがたく大切だと感じ，愛し慈しんで子育てをしている。しかし，その愛情ゆえに子どもに過大な期待を抱いてしまったり，干渉し過ぎて先回りをしてしまったりすることもある。また子育てに自信が持てず育児不安に陥ったり，虐待をしてしまったりする親もなかにはあるのが現状である。

　保育者は子どもの育ちと保育に関する専門性を身につけ，集団のなかで1人ひとりの子どもをみることができるからこそ，客観的な子どもの状況の把握が可能である。また，長い見通しのなかで子どもの成長を見守ることができるのも保育者だからである。発達には壁（節目）があり，その壁にぶつかっている乳幼児は親からみればまるで発達が止まってしまっているように思えることもあるだろう。

　それまで自由に絵を描くことを楽しんでいたエミが突然画用紙を前にして何も描かなくなってしまった事例について考えてみよう。周りの状況がみえるようになったことで，友だちのようにもっとうまく描きたいという気持ちを持つようになり，その願いの強さゆえ

4章　保育職に求められる専門性と人間性

にこれまでのように自由に描くことができなくなってしまったと考えられる。母親は，自分の子どもだけがなぜ絵を描かないのか不安に陥ってしまい，エミを責めてしまうかもしれない。しかしこの壁を乗り越えることで，エミはさらに大きく成長を遂げ，これまでよりもずっと創造的な絵を描けるようにもなり得るだろう。

　ここで保育者が「立ち止まること」の大切さ，「待つ」ことの意味を伝えていくことで，母親はエミが壁を乗り越えるまで見守る余裕を持つことができるだろう。このように保育者と保護者が連携し合うことによって，子どもはよりよい方向に向けてそれぞれのペースで歩を進め，そして壁を乗り越えることで大きく成長を遂げることができるようになるのである。

　子どもが壁にぶつかる時期はそれぞれであり，その壁の高さ（乗り越えるのに要する時間）も子どもによって異なる。保護者と信頼関係を築くことで，家庭での子どもの様子を把握し，園での子どもの様子について保護者の不安感を過度にあおることがないような形で伝えていき，ともに子どもを育てていくことが大切である。

5　リフレクションの重要性

　保育者や教師，親といった大人は，日々子どもの生成にかかわっている。その際「子どもに善くなってほしい」「子どものために善いと思えることをしてやりたい」と考えているのが通例である。この「善さ」は，一義的に決定できないことも多いが，それにしても大人は自らの「善い」と信ずるところに従って子どもに向けていつも行為している。

　このことを，ヴァン＝マーネン（van Manen, M., 1942～）の提起する「教育的契機」という概念からみてみよう。ここで，4歳のソウタが生活発表会の練習のときにみんなと一緒にダンスを踊るのを嫌がっている場面を例にあげて考えてみる。この場において，保育者

55

には何らかの判断と行為が求められる。ソウタに声をかけダンスに参加することをうながすのか，それとも今日はみんなと一緒に踊ることを嫌がっている彼の意志を受けとめ，何も言わずに見守るのか，保育者はその都度その都度の判断を迫られるこのような場面に日々出会っているといえる。このような「大人が，目の前の子どもの人格の生成にとって何が正しい（と思われるか），どうすることが善であるかを即座に判断し，行為することが求められる」状況のことをヴァン＝マーネンは「教育的契機 pedagogical moment」と名づけている。

　「教育的契機」の特性のうち，ここでは「即時性」「偶発性」「価値の葛藤」の３点に絞って考察してみよう。「ダンスに参加するように声をかける」のか「何も言わず見守るのか」，もしくは「少し強引にソウタをダンスのなかに引き込む」のか，といった何らかのソウタに対する対応（行為）は，いろいろと思い迷う時間が許されない，即座の判断が求められる場面である。子ども（たち）との保育実践の時間は留まることなく動いており，保育者が立ち止まって「ゆっくり考える」余地を許さないのである。この意味で，「教育的契機」における保育者の対応には「子どもへの真正な態度」が求められているともいえる。つねに子どもに対して真摯に向き合い，「何が子どもにとって一番善いことなのか」を瞬時のうちに判断せねばならないのである。次に「偶発性」であるが，子どもとともにある保育実践においては，何が起こるか予測がつかないというのが通常である。もちろん保育者には「予想される子どもの反応」を想定した上で保育計画を立てて保育に臨むことが求められているが，そのなかで「予想外」の事態に出会う，それこそが「教育的契機」なのであり，実際にはそのような事態が頻発するのが実践の特性であるともいえる。それゆえ，「教育的契機」における対応はマニュアル化ができない。個々の子どもの有り様，保育者の有り様，周囲の環境はそれぞれ異なっており，同じ状況は二度と訪れないからで

ある。次に「価値の葛藤」という側面から考えてみると，「保育の両義性」という問題が浮かび上がる。「今現在の子どもの有り様」を認め，受け入れるのか，それとも「未来にそうあって欲しい子どもの姿」を望ましいこととして価値づけ，子どもへの指導，働きかけを行うのか，こういった相反する価値に引き裂かれる状況は教育のなかでしばしば出会うものである。だからこそ，保育者はどうすることがより子どものためになるのか即座に判断し，対応を迫られることになるのだ。

　ヴァン＝マーネンに従えば，このようなじっくり考えることを許されない状況において，より「子どもにとって善い方向へ向けて判断し行為できる」保育者を「タクト豊かな保育者」⏎11 と呼ぶことができる。このタクトの豊かさは，子どもに関する知識や保育に活かす技術を身につけた上で，さらに，日々の保育実践のなかで出会った「教育的契機」について省察（リフレクション）し，記録をとり，それについて同僚との対話を重ねていくことで身についていくものと考えられている。そのことが，深い意味で子どもについて理解していくことにつながっていくからである。

◆おわりに

　子どもの時期にしか過ごせないゆったりとした時間は，例えば足元を歩くアリをいつまでもみつめる時間であったり，暮れいく夕日をゆっくりと眺める時間であったりする。その時期にしか持てない感性で，自然や友だち，様々な事物などの環境と触れ合う経験は，その後の子どもの育ちを深いところから支える礎となっていく。

　保育者は子どもとともに，この今を楽しむ「子どもの時間」を十全に生きることで，子どもの笑顔を守り支えていく。そしてこれから自立へと向けて歩みを進めていく子どもの根底の部分に深く強い影響を与える重要な他者としてかかわっていくのである。そのことに強い責任と誇り，そして喜びをもって保育を行っていって欲しい。

⏎11 「タクト」とは近代教育学の創始者とされるドイツのヘルバルト（Herbart, J.F., 1776～1841）によって用いられた言葉である。実践のなかで，どのように行為することが子どもにとってよりよいことなのかを，臨機応変に判断する教育者の資質として定義されている。この章では，ヘルバルトのタクト論を保育者の専門性から考察した村井の論文を参照している。

倉橋惣三『子供讃歌（フレーベル新書11）』
フレーベル館，1976，序文より

　子どもの弱点をあわれむ心から子どもの愛隣が生まれ，子どもの長所を讃美する心から子供讃歌が生まれる。注文でなく，要求でなく，教化の心でもなく，讃美である。……さげすみをすててその小ささよりも，偉さに驚き，嘆ずる心である。それも，浅い心からの驚きではなく，功利打算の値踏みからでなく，いと深きところの嘆美であり，詠嘆である。

5章　子どもを守る保育者

1　保育者としての姿勢

■養護の諸相

　保育者は常に「子どもを守る」という責務を担っている。例えば，平成27年度の児童相談所による相談対応件数が12万件を超えた「児童（子ども）虐待」の予防・防止もその１つである ➡1。虐待に苦しむ子ども，発育の違いやしつけの境界線がわからず，悩む親に保育の専門職としてかかわり，また各機関との円滑な連携が求められている。さらに，近年は「保育中による事故」も問題視されている。午睡やプール活動・水遊びなど，あらゆる活動に危険が潜み，子どもの命を守るためには，多角的な視点によるリスクマネジメントが重要となってくる。

　幼稚園や保育所，認定こども園，児童福祉施設等 ➡2 は子どもたちにとって生活の場であり，すべての活動の基盤である。保育者が子どもの健康や安全の確保，発達の保障等の土台を整えることで，子どものより良い成長へとつながっていく。

　保育者，特に乳児期から様々な年齢の子どもの生活を支える保育士において欠かすことのできない視点に，「養護（care）」がある。保育士養成カリキュラムに「社会的養護」や「養護原理」という科目がある。これは保育所だけでなく，児童養護施設や障害児入所施設，児童発達支援センターなど，保育士必置の施設に，その視点が求められているからである。厚生労働省も示しているように，保育

➡1　厚生労働省「子ども虐待による死亡事例等の検証結果等について（第13次報告）及び児童相談所での児童虐待相談対応件数」2017。

➡2　ここで述べている児童福祉施設とは，児童福祉法第7条にある，保育所と幼保連携型認定こども園を除く施設を指す。

59

所や認定こども園と「環境上の理由等により特別な保護を要する児童を入所させる児童養護施設等における養護の概念は異なる」[3]。養護とは養育と保護を意味しており，本来，子どもは家族によって養護され，健やかに成長していくべきである。しかし，今日の社会情勢における家族機能の低下や欠落に伴い，公的責任における社会的養護の必要性が求められている。

社会的養護とは「保護者のない児童や，保護者に監護させることが適当でない児童を，公的責任で社会的に養育し，保護するとともに，養育に大きな困難を抱える家庭への支援を行う」ことである[4]。そのなかで「補完的養護」「支援的養護」「代替的養護」「治療的養護」と大きく4つの領域でとらえることができる[5]。保育所や認定こども園は「保育を必要とする」とあるように，父母が就労している間など，その家庭養育の機能が欠けた状況を補完したり強化したりする「補完的養護」に該当する。また，地域の子ども家庭に対する支援として，親の相談や助言，子どもの健康や健全育成など，社会的自立に向けた支援とする「支援的養護」も内包している。一方，乳児院や児童養護施設は，長期にわたり家庭復帰が見込まれない家族を失った子どものために，本来の家庭養育を代わって行う「代替的養護」と位置付けられる。さらに，厚生労働省よる「家庭と同様の環境における養育の推進」に伴い，「大規模な施設養護を中心とした形態から，1人ひとりの子どもをきめ細かく育み，親子を総合的に支援していけるよう，ハード・ソフトともに変革していく」ことが問われている[6]。これは，「再構築的養護」と考えられ，できる限り小規模で家庭的な養育環境の形態への移行が示されており，その結果，保育者の役割もより高度化していくことが予想される。

◘3　厚生労働省「「養護」と「教育」の一体的提供について（参考資料）」2007年。

◘4　厚生労働省「社会的養護の推進に向けて」2017。

◘5　社会的養護はサービスの提供方法や施設の機能および役割でも分類される。詳細は社会的養護関連の書籍を参照されたい。

◘6　前掲4

5章　子どもを守る保育者

2　保育所における養護

■養護の理念

　養護は食事や排泄など生活行動のなかで保育者が行うという印象
が強い。しかし，社会福祉法人全国社会福祉協議会・全国保育士会
が示しているように「子どもが心身ともに心地よいと感じる環境
を整え，子ども自身が主体的に育つことをたすける営み（下線は筆
者による）」▶7 が養護の目指すべきあり方であるといえよう。また，
保育所保育のガイドラインである「保育所保育指針」（平成 29 年告
示）は，「養護の理念」を次のように示している▶8。

▶7　社会福祉
法人全国社会福
祉協議会・全国
保育士会『養護
と教育が一体とな
った保育とは〜私
たちは，子どもの
命を育み，学ぶ
意欲を育てます
〜』2016。

▶8　厚生労働
省「保育所保育
指針」2017。

> **（1）養護の理念**
> 　保育における養護とは，子どもの生命の保持及び情緒の安定を図るために保育
> 士等が行う援助や関わりであり，保育所における保育は，養護及び教育を一体的
> に行うことをその特性とするものである。保育所における保育全体を通じて，養
> 護に関するねらい及び内容を踏まえた保育が展開されなければならない。

　「生命の保持」とは，1 人ひとりの子どもの健康と安全が守られ
るだけでなく，子どもの生理的欲求を満たし，健康増進を積極的に
図ることである。「情緒の安定」では，保育者が子どもの気持ちを
受け止め，認めることが重要である。そのことによって，子どもは
自分の気持ちを安心して表すことができ，信頼関係が構築され，自
己肯定感を育まれていくのである。

　「生命の保持」「情緒の安定」について，乳児との保育場面を思い
浮かべると理解しやすいのではないだろうか。乳児が泣くときは
様々な理由が考えられる。お腹がすいている，おむつが汚れている，
空調や照明が気になるなど，保育者はその気持ちを受け止め，心身
の状態に応じたきめ細やかな援助やかかわりを行っていく。

61

さらに，保護者以外に安心感や信頼感を抱くことができる存在は，乳児の成長・発達に大きな影響を与える。アタッチメント（愛着）理論の「安全基地（secure base）」を例にあげると，安全や安心が得られる活動の拠点があることで，探索行動を繰り返し，少しずつ行動範囲を広げ，心身の健全な発達へとつながっていく。

　このように，「生命の保持」は「健康」の領域と，「情緒の安定」は「人間関係」の領域と深く関連していることが理解できよう。つまり，養護を基盤として教育が展開されるだけでなく，養護と教育が互いに関連し，重なりながら日々の保育が実践されているのである。さらに，年齢で分断するのではなく，発達の連続性と子どもの発育状態を踏まえ健やかな育ちを保障するためにも，個々に応じた働きかけが重要であり，保育者としての専門性が求められている。

■事例から学ぶ

　保育所保育指針にはすべての保育所に共通する「保育の目標」が示されている。そのなかの１つに「十分に養護の行き届いた環境の

	ねらい	内容
生命の保持	① 一人一人の子どもが，快適に生活できるようにする。 ② 一人一人の子どもが，健康で安全に過ごせるようにする。 ③ 一人一人の子どもの生理的欲求が，十分に満たされるようにする。 ④ 一人一人の子どもの健康増進が，積極的に図られるようにする。	① 一人一人の子どもの平常の健康状態や発育及び発達状態を的確に把握し，異常を感じる場合は，速やかに適切に対応する。 ② 家庭との連絡を密にし，嘱託医等との連携を図りながら，子どもの疾病や事故防止に関する認識を深め，保健的で安全な保育環境の維持及び向上に努める。 ③ 清潔で安全な環境を整え，適切な援助や応答的な関わりを通して，子どもの生理的欲求を満たしていく。また，家庭と協力しながら，子どもの発達過程等に応じた適切な生活リズムがつくられていくようにする。 ④ 子どもの発達過程等に応じて，適度な運動と休息を取ることができるようにする。また，食事，排泄，衣類の着脱，身の回りを清潔にすることなどについて，子どもが意欲的に生活できるよう適切に援助する。

	ねらい	内容
情緒の安定	① 一人一人の子どもが，安定感をもって過ごせるようにする。 ② 一人一人の子どもが，自分の気持ちを安心して表すことができるようにする。 ③ 一人一人の子どもが，周囲から主体として受け止められ，主体として育ち，自分を肯定する気持ちが育まれていくようにする。 ④ 一人一人の子どもがくつろいで共に過ごし，心身の疲れが癒されるようにする。	① 一人一人の子どもの置かれている状態や発達過程などを的確に把握し，子どもの欲求を適切に満たしながら，応答的な触れ合いや言葉がけを行う。 ② 一人一人の子どもの気持ちを受容し，共感しながら，子どもとの継続的な信頼関係を築いていく。 ③ 保育士等との信頼関係を基盤に，一人一人の子どもが主体的に活動し，自発性や探索意欲を高めるとともに，自分への自信を持つことができるよう成長の過程を見守り，適切に働きかける。 ④ 一人一人の子どもの生活リズム，発達過程，保育時間などに応じて，活動内容のバランスや調和を図りながら，適切な食事や休息が取れるようにする。

図5-1　養護に関わるねらい及び内容

5章　子どもを守る保育者

下に，くつろいだ雰囲気の中で子どもの様々な欲求を満たし，生命の保持及び情緒の安定を図ること」とあり，これを具体化したものが「養護に関わるねらい及び内容」である　9　(図5-1)。

9　前掲3

「養護に関わるねらい及び内容」を実際の保育事例に照らし合わせながらみていきたい。

事例 5-1

　ある保育所の朝の様子である。2歳児のハナちゃんは母親と一緒に登園し，保育者と笑顔で挨拶を交わした。それから，母親と別れ，保育室に入るため，ひとりで靴を脱ごうと頑張り，保育者に支えてもらいながら，靴を脱いだ。ここまでは，今までの生活で身につけた習慣であったが，今日は一味違った。いつもは靴を脱いで満足であったが，今日は自分から靴を持って，ハナちゃんの場所ではないが，靴を靴箱に入れ，満面の笑顔で保育者に振り返った。保育者は驚いた表情であったが，すぐにハナちゃんの行動を笑顔で褒めていた。

　1日の保育は登園前からすでに始まっている。園内の清掃を行い，衛生面や安全面から環境を整えることは保育者の大切な役割である。登園時，保育者は子どもや保護者と笑顔で挨拶を交わすなかで，子どもの表情や身体の様子を観察する。また，保護者と積極的に情報交換を行い，家庭での食事や睡眠などの様子から，子どもの心身の状態を把握することに努めなければならない。これは日常の保育でも同様であり，子どもの状態に変化が見られた場合，職員間や嘱託医等と連携を図りながら，適切かつ迅速な対応が求められる。さらに，疾病予防や事故防止への細心の注意を払い，保育所全体で危機管理意識が共有されていることが望ましい。

　事例5-1のように，2歳児は「自分のもの」への認知ができてくる時期であり，保育者が子どもの発達過程を理解していることが前

63

提である。加えて，子どもが意欲的に生活できるよう，子どもの自発性につながる行動を見守り，達成感を味わうことができる支援する。こうした積み重ねによってふさわしい生活リズムがつくられていくのである。その第1歩として，保育者は見通しを持って，子どものもっとやってみたいという気持ちを高める援助を実践していくことが必要である。

事例 5-2

　1歳児クラスにいるタロウくんはとても人見知りで，保育室に知らない大人が入ってくるだけで大泣きしてしまう子であった。そんなタロウくんのある出来事である。

　この日はタロウくんの誕生日ということもあり，保育者から「おめでとう」と声をかけられていた。タロウくんが誕生日を理解していたかはわからないが，こうした声かけが嬉しくて笑顔で室内を走っては保育者のそばまで戻ることを繰り返していた。

　すると，たまたま保育所を見学に来た大人が保育室に入ってきた。タロウくんは泣き出してしまうかと心配されたが，彼は走ってその大人の近くまで行った。保育者から事情を聞いた大人が「おめでとう」と伝えると，満面の笑顔になり，保育者のもとへ戻っていた。それから，大人が帰るまで何度も同じやりとりが繰り返され，タロウくんは終始笑顔であった。

　子どもは自分の気持ちに共感し，応えてくれる人がいることで，安心して自己を表現し行動する。事例5-2では，既述した安全基地からの探索行動の姿だけでなく，自分の気持ちを共感してもらえたことへの嬉しさが行動として表出している様子が見てとれる。こうした保育者の受容的・応答的な関わりが子どもの成長・発達には不可欠である。また，保育者はそれぞれの子どもの生活に合わせて，子どもが伸び伸びと身体を動かして遊ぶ環境を構成するだけでなく，休息を含め，生活リズムの静と動のバランスを調整する柔軟性も備

5章　子どもを守る保育者

えておかなければならない。子どもの心身の状態や発達過程に応じて，自らの内面に沸き上がる否定的な感情と向かい合う機会も大切である。子どもは気分を転換して楽しいことに注意を向けることを学ぶかもしれない。1人ひとりの子どもの様子を見極め，時間をかけて，子どもの成長・発達を支援していくことが保育者による養護であると言える。

3 　児童養護施設における養護

■養育のあり方の基本

　児童養護施設での保育者の姿勢についても少しふれておきたい。児童養護施設を含む社会的養護関係施設では，「子どもの最善の利益のために」，「社会全体で子どもを育む」の2つの基本理念と「①家庭的養護と個別化」「②発達の保障と自立支援」「③回復をめざした支援」「④家族との連携・協働」「⑤継続的支援と連携アプローチ」「⑥ライフサイクルを見通した支援」の6つの原理に基づき，それぞれの施設で運営指針が定められている ▶10。

　そのなかで児童養護施設は「なにげない日常生活の営みを大切にし，「衣・食・住」といった基本的な生活援助を通じて構築された子どもたちとの信頼関係を基盤に，子どもの最善の利益を目指して将来的な自立へ向けて支援していくこと」が求められている ▶11。

　児童養護施設における養護は，「児童養護施設運営指針」（平成24年通知）で次のように示されている ▶12。

▶10 前掲4

▶11 厚生労働省「児童養護施設運営ハンドブック」2014。

▶12 厚生労働省「児童養護施設運営指針」2012。

---

3. 児童養護施設の役割と運営
　児童養護施設における養護は，児童に対して安定した生活環境を整えるとともに，生活指導，学習指導，職業指導及び家庭環境の調整を行いつつ児童を養育することにより，児童の心身の健やかな成長とその自立を支援することを目的として行う。

65

養育と保護を意味する「養護」は，児童養護施設で暮らす子どもたちにとって，「育ちを支える安全な環境」が用意され，「自分の存在について「生まれてきてよかった」と意識的・無意識的に思い，自己の存在に自信を持てるようになる」ためにあるといえよう ◗13。さらに，「養育のあり方の基本」として次のように示している ◗14。

◗13　前掲11
◗14　前掲12

(1) 関係性の回復をめざして

・子どもにとって，大人は「共に居る」時間の長短よりも「共に住まう」存在であることが大切である。子どもは，「共に住まう」大人（「起居を共にする職員」）との関係性の心地よさを求めつつ自らを創っていく。
・社会的養護は，従来の「家庭代替」の機能から，家族機能の支援・補完・再生を重層的に果たすさらなる家庭支援（ファミリーソーシャルワーク）に向けた転換が求められている。親子間の関係調整，回復支援の過程は，施設と親とが協働することによって果たされる。
・児童養護施設では，多かれ少なかれ複数の子どもが生活空間を共有している。子どもと大人の関係だけでなく，子ども同士の関係にも十分に配慮したい。虐待体験や分離体験を経た子どもには，子ども同士の関係の中に力に基づく関係がみられたり，対人関係そのものを避ける傾向がみられたりする。
・児童養護施設の職員は，様々な工夫を凝らして，子ども同士の関係にも適切に働きかけなければならない。子どもは，ぶつかり合い，助け合い，協力し合うといった体験を通して，他者を信頼する気持ちが芽生え，社会性や協調性を身につけていくのである。

(2) 養育のいとなみ

・社会的養護は〈養育のいとなみ〉である。子どもたちとともにする日々の生活の中から紡ぎ出されてくる，子どもたちの求めているもの，さらには子どもたちが容易には言葉にしえない思いをもくみ取ろうとするようないとなみが求められている。子どもにとっての「切実さ」「必要不可欠なもの」に気づいていくことが大切である。
・社会的養護のもとで養育される子どもにとって，その子にまつわる事実は，その多くが重く，困難を伴うものである。しかし，子どもが未来に向かって歩んでいくためには，自身の過去を受け入れ，自己の物語を形成することが極めて重要な課題である。
・子どもが自分の生を受けとめるためには，あるがままの自分を受け入れてもらえる大人との出会いが必要である。「依存」と「自立」はそうした大人との出会いによって導き出され，成長を促される。
・社会的養護には，画一化されたプログラムの日常ではなく，子どもたち個々の興味や関心を受けとめる環境が求められる。そこでは子どもの個性や能力が引き出され，子どもが本来持っている成長力や回復力が促進される。
・子どもたちが将来に希望をもって，様々な体験を積み増しながら，夢をふくらませていくことは大切なことである。生活は，子どもにとって育ち（発達）の根幹となるものである。やがては子ども時代の生活を通して会得したこと，学習したことを意識的，無意識的な記憶の痕跡として再現していくことになる。

(3) 養育を担う人の原則

・養育とは，子どもが自分の存在について「生まれてきてよかった」と意識的・無意識的に思い，自信を持てるようになることを基本の目的とする。そのためには安心して自分を委ねられる大人の存在が必要となる。
・子どもの潜在可能性は，開かれた大人の存在によって引き出される。子どもの可能性に期待をいだきつつ寄り添う大人の存在は，これから大人に向かう子どもにとってのモデルとなる。
・ケアのはじまりは，家庭崩壊や親からの虐待に遭遇した子どもたちの背負わされた悲しみ，苦痛に，どれだけ思いを馳せることができるかにある。子どもの親や家族への理解はケアの「引き継ぎ」や「連続性」にとって不可避的課題である。

5章　子どもを守る保育者

・子どもたちを大切にしている大人の姿や，そこで育まれ，健やかに育っている子どもの姿に触れることで，親の変化も期待される。親のこころの中に，子どもの変化を通して「愛」の循環が生まれるように支えていくことも大切である。
・養育者は，子どもたちに誠実にかかわりコミュニケーションを持てない心情や理屈では割り切れない情動に寄り添い，時間をかけ，心ひらくまで待つこと，かかわっていくことを大切にする必要がある。分からないことは無理に分かろうと理論にあてはめて納得してしまうよりも，分からなさを大切にし，見つめ，考え，かかわり，思いやり，調べ，研究していくことで分かる部分を増やしていくようにする。その姿勢を持ち続けることが，気づきへの感性を磨くことになる。
・子どもの養育を担う専門性は，養育の場で生きた過程を通して培われ続けなければならない。経験によって得られた知識と技能は，現実の養育の場面と過程のなかで絶えず見直しを迫られることになるからである。養育には，子どもの生活をトータルにとらえ，日常生活に根ざした平凡な養育のいとなみの質を追求する姿勢が求められる。

(4) 家族と退所者への支援

① 家庭支援
被措置児童の家庭は，地域や親族からも孤立していることが多く，行政サービスとしての子育て支援が届きにくい。こうした家庭に対して施設は，その養育機能を代替することはもちろんのこと，養育機能を補完するとともに子育てのパートナーとしての役割を果たしていくことが求められている。その意味では，児童養護施設は，子どもの最善の利益を念頭に，その家庭も支援の対象としなければならない。その場合，地域の社会資源の利用や関係者との協働が不可欠である。

② 退所した者への支援
児童養護施設は，退所した者に対する相談その他の自立のための援助も目的としていることから，その施設を退所した者は支援の対象となる。家庭復帰にしても進学・就職にしても，退所後の生活環境は施設と比べて安定したものではなく，自立のための援助を適切に行うためにも，退所した者の生活状況について把握しておく必要がある。

　児童養護施設への入所理由は様々である。かつては，親がいない，養育できない子どもが主であったが，近年は虐待や障害のある子どもの入所が増加し，その役割・機能の変化が求められている。大人への恐怖心や不信感，愛着関係の未形成，自己肯定感の低さなど，子どもは1人ひとり異なる課題を抱えている。こうした課題はすぐに解決できるものではなく，日々の生活のなかでその糸口を見出していく。そこには，子どもが安心できる環境が整えられていることが前提であり，日常生活の営みを大切にしながら大人との関係性を回復することも重要である。

　では，保育者はどうあるべきか。保育者は子どもの気持ちに寄り添うこと，理解することから始めることを推奨する。児童養護施設の子どもは，親がいない，虐待されて可哀想という印象を持たれやすい。しかし，同情に駆られて子どもとかかわることは慎んだ方がよいといわざるをえない。子どもたちが歩んできた道を素直に受

67

け入れること，表出する感情や言動の背景を汲み取ることができて，子どもとの距離が少しずつ縮まり，その積み重ねからつながりが形成されていく。個々の子どもの"今"と"将来"の両方の観点からかかわりが求められており，保育者だけでなく，多様な専門職等との連携体制によって進められることが望ましいといえる。

■事例から学ぶ

　保育者と子どもとの信頼関係を構築していくことは時間を要することである。しかし，保育者が子どもの発達段階を理解できていないとその機会を見失ってしまうこともある。

事例 5-3

　2歳児のユウダイくんは生まれてすぐに母親の経済的な理由から乳児院へ預けられ，去年児童養護施設へ移行してきた。その間，母親との面会は2回だけで，表情も乏しく，職員間でも心配されていた。施設での1年で少しずつ周りの雰囲気にも慣れてきた様子で，笑顔が見られるようになったユウダイくんだが，最近，担当の保育者が他の子どもを抱っこしているのを見ると急に泣きだし，抱っこをせがみ，時には，叩いてくることもあった。さらに，担当の保育者が離れてしまうだけで名前を呼びながら泣き続けるという場面も多くなってきている。

　事例5-3では，子どもと担当の保育者との間に愛着関係の兆しが見られることがわかるだろうか。子どものわがままや叩く行為に目が行ってしまうが，後追い行動と考えると，担当の保育者を安心できる大人と理解し始めていることがうかがえる。その背景には，常に「大切にされている」「自分のことをわかってもらえている」という思いを子ども自身が抱けるような保育者のかかわりがあったからである。

　児童養護施設は，乳児や幼児だけとは限らない。小学生や中学生，高校生と様々な年齢の子どもが対象となる。そのなかで保育者は子

5章　子どもを守る保育者

どもたちの良き模範（モデリング）となるべきであり，それは養護の視点ともなろう。また，保育者自身も子どもから学ぶことは多くある。決して，教科書通りの発達過程がすべてではない。経験を通して，子どもの生活全体をとらえる広い視野や個々の子どもに応じた養護を模索することも保育者の大切な役割である。

4 保育者によるリスクマネジメント

■保育事故の現状

保育者は大事な子どもを預かり，生活をともにするなかで，安全管理・危機管理の意識を常に持っておかなければならない。しかし，近年保育事故が大きく取り上げられるようになってきており，安全性が求められる保育現場にとっては，早急に解決すべき課題となっている。例えば，2017（平成29）年8月埼玉県のとある保育所のプールでの事故は記憶に新しい。当時，別の幼児が「あー」という声を上げたため，保育士が気づき，4歳児がうつ伏せで後頭部を水面から出し，意識がない状態で発見されている。監視していた2名の保育士は「プールに設置した滑り台を片付けているときに園児らから目が離れた」と話している。

保育事故の全体像として，内閣府子ども・子育て本部が2016年に報告があった教育・保育施設等で発生した事故の集計を公表している ➡15。報告総数は875件で，そのうち，保育所・幼稚園・認定こども園等の報告件数は587件であった（表5-1）。

➡15 内閣府「平成28年教育・保育施設等における事故報告集計」の公表及び事故防止対策について」2017。

表5-1 平成28年教育・保育施設等における事故報告集計

	負傷等	（うち意識不明）	（うち骨折）	（うち火傷）	（うちその他）	死亡	事故報告件数
認定こども園・幼稚園・保育所等	574	（7）	（458）	（1）	（108）	13	587
放課後児童クラブ	288	（0）	（259）	（1）	（28）	0	288

※認定こども園・幼稚園・認可保育所等とは，放課後児童健全育成事業（放課後児童クラブ）以外の施設・事業
内閣府『「平成28年教育・保育施設等における事故報告集計」の公表及び事故防止対策について』より抜粋

69

報告は，認可保育所（474件）が最も多く，骨折（368件）や死亡（5件）事例があがっている。子どもの滞在時間が長い保育所での負傷報告が多くなることは理解できる。また，現状として認可外保育施設は報告義務がないことからその実態が明らかにされていないが，多くの死亡事故が報道されていることから，今後の動きを把握しておく必要があるといえる ◯16。

保育者がいつ，どこで子どもの事故に遭遇するかはわからない。だからこそ，事故発生時に保育者として何ができるかを考えておかなければならない。また，「教育・保育施設等における事故防止及び事故発生時の対応のためのガイドライン」は事故を未然に防ぐための取り組みや緊急時の対応を段階的に示しており ◯17，環境に対する配慮や事故状況の記録，保護者への対応などの参考になると同時に保育者間での共通理解の指標としても役立てていきたい。

保育事故をショッキングなニュースとしてとらえるだけでは意味がない。原因を検証し，事故が起きやすいケースを把握して再発防止につなげることが保育者に課せられた役割である。

■リスクマネジメント

保育事故を未然に防ぐことが理想である。しかし，人為的に操作できず，起きてしまう事故も当然考えられる。防ぎようのない子どもの事故に対して，事故予防の最善策は怪我や被害の程度を軽くすることである。そのためには，小さな気づきでも保育者間で情報を共有することが望まれる ◯18。

さて，図5-2は園庭等によく見かける遊具である。この遊具から子どもの動きを想像してみてほしい。子どもはどのような行動をするのだろうか。その動線はどのようになるのであろうか。

◯16 厚生労働省は認可外保育施設でも子どもの重大な事故があった場合，施設側の報告を義務化する方針が決まっている。

◯17 内閣府「教育・保育施設等における事故防止及び事故発生時の対応のためのガイドライン」2016年。

◯18 ヒヤリハット報告は多くの保育現場でも実施されており，有効な手段である。

図5-2 屋外遊具

5章　子どもを守る保育者

例えば，すべり台では上から滑る子もいれば，坂道と見立て，下から上ろうとする子どももいるだろう。

図5-3も同様である。ここでも同じように子どもの行動を考えてみてほしい。調理台があるから，お店屋さんごっこなど，様々な遊びが展開されることが予想できる。

図5-3　室内遊具

保育事故の予防・防止では，子どもの動きを把握することが前提となる。それに加え，保育者による想像・想定する力で必要である。図5-2と5-3で予想した行動に対して，今度は保育者がどのような対応をすべきかを考えてみてもらいたい。仮に，事故が起きたときに「偶然」という言葉で保護者は納得するだろうか。そこで，保育者に求めたいこととして，リスクマネジメントである。

リスクマネジメントとは言い換えれば，気づきと備えである。保育者1人ひとりがあらゆる事態を考え，その状況に対する対応を準備する。そして，それは園全体の共通認識として明確すること，そのためには積極的な園内研修でのリスク⇨19に対する情報交換を行い展開していくことが望まれる。保育者1人で気づかないことも，それぞれが異なる視点や考えを持っているからこそ，小さな変化に気づき，それがリスクの早期発見につながるのである。

⇨19 保育現場でのリスクといえば，事故や怪我だけでなく，アレルギーや感染症，災害などもあげられる。

■子どもの視点

リスクをなくせば，安全な保育ができるのであれば，すべてのリスクを排除すべきである。これは正論であるが，子どもの立場を考えた場合はどうであろうか。リスクマネジメントはリスクをマネジメントする，つまり管理することを指す。そこには，子ども1人ひとりの発達に応じた安全教育も視野に入れておかなければならない。怪我しないことが子どもの成長や発達にどう影響するか。子どもは

71

知識よりも先に体験を通して学ぶ。子どもが安全という意味がわかっていなければ，重大事故や大怪我をする危険性も高くなる。また，「怪我をさせてはいけない」という意識が保育者自身の活動の幅を狭くし，保育への面白みを失ってしまう。

　保育者には深刻な出来事を未然に防ぎ，一方で，子どもの育ちを考えながら，"リスクと向き合う" ことが大切であることを理解しておいてもらいたい。

参考文献

掛札逸美『乳幼児の事故予防 保育者のためのリスク・マネジメント』ぎょうせい，2012

山中龍宏・寺町東子・栗並えみ・掛札逸美『保育現場の「深刻事故」対応ハンドブック』ぎょうせい，2014

6章 保育者の資質・能力
――資質の向上へ

　幼稚園や保育所，認定こども園や福祉施設で生活する子どもたちにとって，保育者は支えとなり心のよりどころとなる存在である。児童福祉法第1条第2項で「すべて児童は，ひとしくその生活を保障され，愛護されなければならない。」と記されている。保育者は子どもに愛情を持ってかかわり生活の環境を整えることが求められているのである。また，乳幼児という人間形成の基礎を培う重要な時期にかかわることを常に自覚していく責任感も必要とされる。子どもにとって安心できる存在となるためには，日々自らを省察し，向上させていく意欲を持ち続けることが大切である。

1 保育者としての資質・能力の基本

■保育者として変わらずに求められる資質・能力

　いつの時代にも変わらず保育者に求められる資質・能力として，子どもに対する愛情や責任感，保育者としての使命感があげられる。また保育の専門家として幼稚園教育要領や保育所保育指針，幼保連携型認定こども園教育・保育要領に示す5領域の内容に関する専門知識を身につけるとともに，子どもの発達を理解する力や指導計画を立案し実践する力や，教材を研究し工夫する能力，それらを実践する力を兼ね備えていることが必要である。また，家庭と連携して1人ひとりの子どもの成長を支えることも重要な役割である。保護者との信頼関係を構築する力や特別な支援を必要とする子どもへのかかわりを実践する指導力，小学校との連携のために必要な力な

ど対人援助職としての専門性や諸課題に適切に対応する能力も求められている。

■これからの時代に求められる資質・能力

2015（平成27）年12月の中央教育審議会答申「これからの学校教育を担う教員の資質・能力の向上について〜学び合い，高め合う教員育成コミュニティの構築に向けて〜」■1 を参考にしながら，これからの時代に求められる保育者の資質・能力を述べていく。

a 新たな課題に対応できる力

中教審答申（2015〈平成27〉年12月）では「これまで教員として不易とされてきた資質・能力に加え，自律的に学ぶ姿勢を持ち，時代の変化や自らのキャリアステージに応じて求められる資質・能力を生涯にわたって高めていくことのできる力や，情報を適切に収集し，選択し，活用する能力や知識を有機的に結びつけ構造化する力などが必要である。」と述べている。保育者が自ら探求心や向上心を持ち学び続ける姿勢が求められている。また，情報を適切に収集し，選択し，活用する能力，知識を構造化する力とある。例えば，目の前の子どもたちを理解するためには，保育者があらゆる角度から子どもを見つめ，援助をするための環境を試行錯誤しながら整え，その育ちを職員間で共有し，保護者に伝達するためには可視化する必要がある。そのためには，それまでの子どもの育ちのプロセスや発達の段階，環境構成の意図，子どもの主体的な取り組み，何をどのように学んでいるかなどをわかりやすく伝える能力が必要である。そのなかで，学び得た能力や知識を構造化することは必要不可欠になるであろう。

さらに中教審答申「幼児教育部会における審議の取りまとめについて（報告）」（2016〈平成28〉年8月）■2 ではアクティブ・ラーニングの視点についても述べられている。幼児教育において子どもたちは遊びを通して生きる力や学びの基礎を習得している。そのため

■1 中央教育審議会，答申これからの学校教育を担う教員の資質・能力の向上について〜学び合い，高め合う教員育成コミュニティの構築に向けて〜，平成27年12月21日。

■2 文部科学省，幼児教育部会における審議の取りまとめについて（報告）平成28年8月26日。

74

6章　保育者の資質・能力

保育者は，子どもが自分を取り巻く周囲の環境に意欲的にかかわり，主体的に展開する具体的な活動を通して様々な体験を行えるよう，発達の状態や，子どもの興味関心に応じた環境の構成が重要である。またその環境のなかで，「主体的・対話的で深い学び」を実現することが学びの過程として求められている。

① 主体的な学びとは，周囲の環境に興味や関心を持って積極的に働きかけ，見通しを持って粘り強く取り組み，自らの遊びを振り返って，期待を持ちながら，次につなげる学びである。

② 対話的な学びとは，他者とのかかわりを深めるなかで，自分の思いや考えを表現し，伝えあったり，考えを出し合ったり，協力したりして自らの考えを広げ深めることである。

③ 深い学びとは，直接的・具体的な体験のなかで，「見方・考え方」を働かせて対象とかかわって心を動かし，幼児なりのやり方やペースで試行錯誤を繰り返し，生活を意味あるものとしてとらえることである。

　この3つの視点を踏まえながら，子どもが遊びを創り出し，遊び込み，振り返り，また次の遊びを創り出していく環境について，保育者が試行錯誤しながら自律的に取り組む姿勢が重要であろう。

b 組織的・協同的に諸問題を解決する力

　中教審答申（2015〈平成27〉年12月）では「チーム学校」➡3 の考えの下，保育者は多様な専門性を持つ人材と効果的に連携・分担し，組織的・協働的に諸課題の解決に取り組む力の醸成が必要であると述べている。近年の社会状況の変化や家庭を取り巻く状況の変化により特別な支援が必要とされる子どもの増加や，虐待や貧困家庭への対応など，子どもを理解することに加えて，保護者支援の多様化に対応できる力が必要となってきている。保育者の専門性を高めると同時に，多様な専門性を持つ人材と連携・協働を強化し問題

◀3　中央教育審議会，答申これからの学校教育を担う教員の資質・能力の向上について 〜学び合い，高め合う教員育成コミュニティの構築に向けて〜,平成27年12月21日。

解決を図っていくチームとしての働きがますます必要となっている。具体的には，園内研修で発達支援相談の専門家（臨床心理士など）を招き，実際の保育の事例を基にしながら検討会を行い，さらにそのスーパーバイズを基に実践したことを見直す機会を設けることもできよう。保護者の承諾が得られれば，臨床心理士が面談に参加し，専門家としてのアドバイスの機会を設けることも考えられる。そのためにも，地域の社会資源や人的資源を日頃より調査しておくことも大切である。

2 事例から学ぶ保育者の資質

　就学前の乳幼児を保育するということは，その子どもの生涯にわたる人格形成の基礎作りにたずさわるということである。子どもは身近な大人をモデルとして成長をするため，保育者の言動ひとつひとつに影響力がある。また保護者が安心してわが子を預けるには，保育者に対しての人間性を信頼するとともに，専門性を兼ね備えることが求められるであろう。そのことを自覚し，自らの保育を常に振り返る姿勢が重要である。また，保育者は子どもを「かわいい」「守りたい」「ありのままを受けとめる」気持ちを持っていることが大切である。子どもを保育するということは，よりよい人間関係を築いていくことでもある。乳児の場合であれば，育児をしてくれる人に全面的に依存しなければ生きていけないのであるから，保育は「見返りを求めない愛情」「すべてを包み込む愛情」に裏付けられた信頼関係を構築することが基本となるだろう。このように保育者に求められる資質・能力には多様性があるがここでは，3つの事例を参考にしながら述べていく。

6章　保育者の資質・能力

a 子どもの気持ちによりそい慈しむ心

事例1

　７月途中入園した１歳児のリホが保育士におんぶされて泣いている。母親に会いたくて泣いているのだが，泣いているというより泣き叫んでいる状態が１時間以上も続き担当保育士も「いつ泣き止んでくれるの……」と焦りとイライラがつのる。ふと，この担当保育士は思った。生まれて１年で母親と離されたリホが不安になるのは当たり前なのだから，その不安を丸ごと受け止めよう。私の身体が疲れたら，ほかの担任保育士にも手伝ってもらおう，だからもう少しリホと付き合おう，そう思いはじめて身体の力が抜けたころにリホは泣き止み始めた。

　この事例でもわかるように，この保育者が泣き叫ぶリホの「いま」の心情によりそい，ありのままを受け止めたときに泣き止む結果となった。子どもが「いつまで泣くのだろう」という未来に対する不安より「泣いている今の気持ちに付き合おう」という，子どもの今の気持ちによりそい，慈しむことの重要性がわかるであろう。

b 子どもの伸びる力を信じて待つ

事例2　１歳児クラスの女児の思いやりの心

　普段からマイペースな１歳児クラスのホノカ。３月生まれということもあり，１人歩きもクラスでは１番遅い子どもであった。保育園の園庭で自由遊びをしていたときのこと。０歳児クラスのよちよち歩きの男の子ユウトが園庭の真ん中で尻もちをついた。その姿を見ていたホノカが早歩きで近寄り，ユウトのお尻についた砂を手ではらいのけていた。普段は自分のことで精いっぱいのホノカの姿しか見えていなかったが，自分より幼い子どもへ優しくかかわる姿を見て，子どものなかに育っている思いやる心に気づかされた出来事であった。

77

保育を実践する上で，保育者はできるだけ早くに結果を求めたくなる。例えば子どもが友だちのおもちゃを無理やり取ってしまったとき，相手を押し倒してしまったとき，相手に対して謝罪の言葉「ごめんなさい」を言わせようとする。大切なことは，その場で謝ることよりも自分がしてしまったことで，友だちや保育者が悲しむことに気づいていくということである。日々の生活のなかで，そのようなトラブルやいざこざを経験しながら，子どもたちは相手の気持ちに少しずつ気がついていく。当事者ではなく，周りの子どもたちのいざこざを一部始終見ているだけのこともある。そうした観察学習を通じて，子どもたちは相手の気持ちを推察しながら集団生活を通じて育っていく。相手の気持ちがわかる子どもに育てるためには，相手の気持ちがわかるような機会，経験を積み重ねなくてはならないのである。そして，そのときにふさわしい言葉や態度を見聞きすることを繰り返しながら，ようやく自分自身の態度として身についていくのである。そのために保育者は，場面にあった言葉を使い，見本となる態度を示すこともある。また，子どもの年齢によっては見守りながら，子ども自ら考えて行動できる時間的余裕を与えることも必要である。そして，そのかかわりの成果が現われることをあわてずに待つ，長い目で見守る姿勢を持ちたい。

c　子どもから学ぶ姿勢を持つ

事例3

　ある夏の時期に男子学生が保育所実習に来ていた。その実習生は5歳児のクラスで実習を行っていたが，子どもと一緒に遊ぶことは出来ていても，指導力不足の状態。絵本の読み聞かせがあるので，担任保育士に年長児の発達にあった絵本を選んでくださいと言われたが，真夏であるにもかかわらず「てぶくろ」の絵本を選び担任を困惑させていた。その上，準備不足や提出物の遅れが続き，実習を途中で中止せざるを得ない状態となった。園長と面談を実施し，このまま実習を続けることは今の状態では難しいのでもっと基

6章　保育者の資質・能力

本的な知識や技術を獲得してから実習に来るようにと告げられた。このまま明日突然実習に来なくなるのは，子どもたちも不安になるので実習生のお別れ会を行うことになった。実習生を囲むように5歳児の子どもが車座になってお別れの挨拶をした。「いっぱい遊んでくれてありがとう」「学校でもお勉強をがんばってね」と話す子どもが続くなかで，1人の男の子がゆっくりと実習生に近づき，無言で大きな身体の実習生をハグし，背中をポンポンとたたく光景を目にした。

　子どもは大人が思う以上に，相手を思い察する気持ちやそれを表現する力があることを目の当たりにした出来事であった。
　保育をする上で，子どもの日々の様子をみることは当然の行為ともいえる。毎日子どもと生活していくうちに，慣れが生じると同時に，子どもの性格や能力を決めつけてみてしまうことがある。
　髙嶋（2013）は次のように指摘している ➡4。

　一人ひとりの子どもが「なってよかった自分」になっていく過程の「なる」を先取りしたり，その子の思いを「わかったつもり」になってしまったりすることなく，子どもを尊厳ある存在として認め，その「未知性」「わからなさ」を引き受けながら，その世界にそっと寄り添い，その子の育ちへの信頼と期待を持って，ともにみ続けてくれるような存在とまなざしが不可欠である。また，子どものかかわっている世界の豊かさと複雑さ，奥深さにちゃんと目を向け，そのことへの驚きと感嘆を持ってみることのできる専門性を有するまなざしが必要であり，私たち自身が子どもとのかかわりを通して，そのようなまなざしを自身のなかに育んでいくことが求められていると述べている。保育者の持つ専門性がいかに独りよがりにならず，目の前の子どもを尊重して向き合うことからはじまることを示しているのではないか。

➡4　子どもと保育総合研究所編『子どもを「人間としてみる」ということ——子どもとともにある保育の原点』ミネルヴァ書房，2013。

79

3 保育者が育つ環境とは

　核家族化など社会の変化とともに，家庭での養育能力の低下や少子化などの問題が広がる昨今，保育の質が高められることが課題となっている。保育の質について大宮（2006）は，子どもが何かをできるようになったという，目に見える単純な成果だけでなくむしろ，日常の保育のなかで，子どもが好奇心と力を十分に発揮し，周囲の人からの評価と相互理解が高まるなかで自分の力を実感するような生活体験の積み重ねが大切であることを指摘している ◖5。普段の生活や遊びのなかで育っているものを見極める力が必要であり，その専門性を向上させていくことがよりよい保育を作り上げていくことに繋がる。

　2017（平成29）年告示保育所保育指針の第5章「職員の資質向上」の1「職員の資質向上に関する基本的事項」（1）「保育所職員に求められる専門性」では「子どもの最善の利益を考慮し，人権に配慮した保育を行うためには，職員一人一人の倫理観，人間性ならびに保育所職員としての職務及び責任の理解と自覚が基盤となる。各職員は，自己評価に基づく課題等を踏まえ，保育所内外の研修等を通じて保育士・看護師・調理員・栄養士等，それぞれの職務内容に応じた専門性を高めるため，必要な知識及び技術の修得，維持及び向上に努めなければならない。」◖6 とある。子どもを尊重した責任のある保育を行うためには，人間性に磨きをかけることや専門性の向上のための研修が大切になってくる。基本は，保育者が自らの保育を振り返り，成果や課題を自覚して学び続ける姿勢であり，そのような向上心を持つ保育者集団形成が求められる。

■保育を語り合える場

　子どもに対する温かな関心や感情を持つと自然に「今日は〇〇

◖5　大宮勇雄『保育の質を高める　21世紀の保育観・保育条件・専門性』ひとなる書房，2006。

◖6　厚生労働省「保育所保育指針」2017告示。

6章　保育者の資質・能力

ちゃんがこんなことをしていたよ」「○○ちゃんのこの仕草を見て
ほほえましかった」というエピソードを他の職員に伝えたくなった
り，かかわりが上手くいかなかったとき他の保育者だったらどのよ
うに援助するのかたずねたくなったりするのではないか。あらた
まった会議の場ではなくても，日常のなかで子どもについて語り合
う雰囲気にあふれている職場は保育者がどのような意識を持ってい
るのであろうか。普段の生活のなかで，子どもをなにげなく見るの
ではなく，子どもの内面について心を動かしながら，その思いや気
持ちを丁寧に感じ取ろうとしているのではないか。子ども1人ひと
りのふとした行為に，その子の成長や課題について読み取っている。
保育者の保育の振り返り，つまり「省察」が次の保育を見直すきっ
かけとなり改善へとつながっていく。

■職員研修のあり方

　幼稚園，保育所，認定こども園を構成する保育者は経験年数や，
子どものとらえ方などのものの見方や考え方についても人それぞれ
である。お互いの考えや意見を交換することにより，子どもをみる
視点の広がりを習得するとともに，自分の保育の課題が見えてくる
こともある。そのためにも，研修は大切な機会となる。

　保育者としてのキャリアステージに応じた研修のあり方が今後は
ますます大切な視点となってくる。ここでは，保育教諭養成課程研
究会の養成段階からの研修のあり方（図6-1）を提示する▶7。経
験などの段階に応じた決め細やかな研修のあり方をふまえ，自らが
位置する段階で身につけるべき資質・能力の具体的な目標を明確に
し，次の段階を目指して効果的・持続的な学びの課題があるかを理
解し身につける必要がある。

◀7　一般社団
法人保育教諭養
成課程研究会
「幼稚園教諭・
保育教諭のため
の研修ガイド研修
ガイドⅢ——実践
の中核を担うミドル
リーダー養成」
一般社団法人保
育教諭養成課程
研究会, 2016。

81

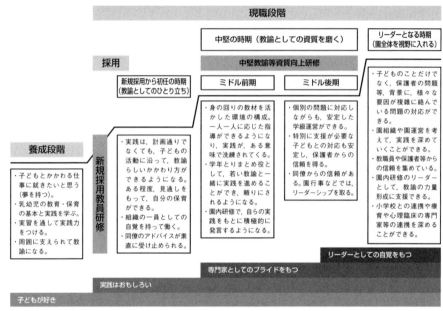

※文部科学省 「幼稚園教諭・保育教諭のための一般社団法人保育教諭養成課程研究会「幼稚園教諭・保育教諭のための研修ガイド 研修ガイドⅢ——実践の中核を担うミドルリーダー養成」(一般社団法人保育教諭養成課程研究会)

図6-1 保育教諭養成課程研究会の養成段階からの研修のあり方

■個と集団の関係を理解し保育に生かす

　少子化や兄弟が少ない現代の生活のなかで，集団生活である保育の場は子どもの成長を促す場である。それは単純に子どもが集団で生活をしていればよいというわけではなく，そこには保育者の適切な援助と環境構成が必要である。保育者との信頼関係を基盤として，子どもは周囲の物的環境にかかわり，子どもとの関係性をひろげていく。その信頼関係の形成や適切な環境構成を行うためにも，子ども1人ひとりの発達のプロセスと実情の理解は欠かせない。子ども1人ひとりが成長していくなかで，子ども相互のかかわりも必然的に生じてくる。野菜の苦手な子どもが，美味しそうに野菜を食

べる子どもの姿を見て，能動的に食べ始める姿をみかけることがある。周囲の子どもの姿が環境としてあり，相互に影響をもたらしている結果である。また，苦手な野菜を食べられたという成長を見つめる保育者のまなざしが温かく，そのときに子どもを評価する言葉をかけることにより子どもは見守ってくれたことへの安心感が深まり，さらに次の意欲へとつながっていく。集団での相互作用は，時としてトラブルになることもある。ものの取り合いであったり，自己主張のぶつかり合いであったりするだろう。大切なことは，トラブルを避けるだけの環境をつくるのではなく，そのやりとりを通して子どものなかに何を育てたいのか，または何が育とうとしているのかを見極めていくことではないか。その際，子どもの成長や発達について継続的に記録をとり，振り返りながら子ども理解を深めていく姿勢が必要である。

参考文献

大宮勇雄『保育の質を高める　21世紀の保育観・保育条件・専門性』ひとなる書房，2006

厚生労働省『保育所保育指針解説書』フレーベル館，2008

佐伯 胖・高嶋景子他『子どもを「人間としてみる」ということ　子どもとともにある保育の原点』子どもと保育総合研究所，2013

佐島郡巳・小池俊夫編著『「よい教師」への扉を開く　新版教職論』学文社，2010

無藤 隆・汐見稔幸・砂上史子『ここがポイント！3法令ガイドブック——新しい『幼稚園教育要領』『保育所保育指針』『幼保連携型認定こども園教育・保育要領』の理解のために』フレーベル館，2017

文部科学省『幼稚園教育要領解説』フレーベル館，2008

文部科学省『幼稚園教育指導資料第3集　幼児理解と評価』ぎょうせい，2010

7章 保育者の知識・技術および判断，省察

1 子どもをとりまく社会への理解・知識

■メディアの普及と影響

　メディアとは，新聞・雑誌・テレビ・ラジオなどの情報の記録や手段に用いられる媒体のことである。子どもにとってのメディアといえば，まずテレビがあげられるであろう。私たちは，テレビから多くの情報や知識を得ている。テレビから発信されることを吸収し，自分の知識となっていく。あるいはアニメ番組のキャラクターからも，人間関係や社会の仕組みなどを感じとっていくこともある。

　ビデオや DVD の普及にともない，いつでもどこでも手軽に映像を観ることができるようになった。大人が自分の時間を確保するための道具として際限なく子どもに鑑賞させるのではなく，時間を決めて再生したり，題材を厳選して与えたりするなど有効活用したいものである。

　子どもをとりまく社会の状況は，めまぐるしく変化している。そのために保育者自身もデジタル社会の現状を把握した上で，対応することが求められる。保育者も常にアンテナを張り巡らせ，有力な情報や子ども達が興味や関心を示しそうなものを入手したり，保育に活用したりしたいものである。その際，子どもにとってその情報が有効か無効かを見極めることが肝要である。

　メディアの普及により，従来より早く情報が手に入るようになった。しかし，情報が氾濫しているため自分のほしい情報を取捨選択

7章　保育者の知識・技術および判断，省察

しなければならない。子どもにとってその作業は困難である。情報
が錯綜して，自分にとって有益な情報かどうかを判断することが難
しく，便利になった反面，混乱することも多い。

メディアの良い面を活用しながら，子どもたちの実情に即した保
育を展開することが望ましいといえるだろう。

■家庭における価値観の変容

第2次ベビーブーム（1971年〜1974年）以降，合計特殊出生率
➡1が減少の一途をたどり，「1.57ショック」と言われた1989年か
ら2005年には過去最低の1.26となった。現在（2016年）は1.44と
やや増加しているものの，少子化であることに変わりはない。

女性の高学歴化や晩婚化が進み，子どもを計画的に妊娠・出産す
る人が増え，一点豪華主義とばかりに少ない子どもに投資する保護
者が多いのも事実である。

子どもが家庭の中心だった時代から，親主導の子育てに変わって
きた。仕事も育児も両立したいと願う母親は，子どもの犠牲になら
ず自分のライフスタイルの確立を優先しているように思える。親に
なった瞬間からわが子への責任が発生する。学校教育は家庭教育の
上に成り立っているものであるが，家庭教育の責任を分散している
ように見受けることも少なくない。子育ての外注化➡2が珍しく
なくなった昨今，赤ちゃんのときから保育施設に入れ，早期教育を
始めるケースも決して珍しくはなくなった。

出産した直後から山あり谷ありの子育てが待っている。その子育
てを誰かに依存したり，託したりする母親が増加している。就労を
理由に，小さいうちからわが子を保育所に預け，離乳食やトイレ
トレーニングまで任せてしまう保護者も少なくない。家庭の協力なし
では円滑に進められないが，保育所にすべて一任してしまう実態も
ある。保護者と保育者が一緒に子育てをしている感覚は必要である
が，保育者は保護者にはなり得ない。保護者に子育ての楽しさを伝

➡1　合計特殊
出生率とは，1
人の女性（出産
可能年齢を15
歳〜49歳とす
る）が，一生に
産む子どもの平
均数のことであ
る。

➡2　子育ての
外注化とは，家
庭以外で，専門
家に子育てを依
頼し，保護者の
みで子育てを行
なわず，外部に
委託することで
ある。

85

え，子どもの成長をともに喜べる保育者でありたいものである。

　都市部では，離婚率が上昇し家庭の形態も多様化してきている。保育者は，様々な家庭の状況に合わせて，その子どもの最善の利益を考えて援助していくことが重要である。

■地域社会の変容

　かつての日本は，近隣との関係が密で地域ぐるみで子育てをしていた。公園に行くと，誰かがいて一緒に遊んだり，家の行き来もあった。地域に伝わる行事も多く，他者との交流も盛んであった。その頃は，地域の人々で子どもの成長を見守り，育んでいくものという暗黙の了解があったように思う。

　近隣との人間関係が希薄になった昨今，わが子以外の子どもに対しても，意識してかかわっていくことが考えられなければならない課題であるといえよう。子どもたちが安心して育っていける環境を作ることが大人の使命でもある。

　他者とのかかわりや，公共の場でのマナー等を体験的に学ぶ機会も保育に取り入れ，意図的に子どもたちと一緒に考える機会を作りたいものである。

　保育現場においては，地域の高齢者や未就園児を招き一緒に遊んだり積極的に交流を深めたりできるよう配慮されている。地域の行事や習慣を知り，子どもたちにも伝承していく必要がある。

■保育施設と家庭との関係

　保育者と保護者のあいだで信頼関係を構築し，子どものみならず保護者もまた成長すべく導いていくことも保育者の仕事のひとつである。保育施設に安心して預けてもらうには，まず「この先生にわが子を託したい」と思ってもらえるような人間関係を作ることから始めると，次第に良好な関係を築いていくことができる。40週もの長いあいだ自分の体内に宿し，命がけで出産する母親にとって，

大切なわが子を保育施設に通わせることは，嬉しい半面寂しく不安でもある。初めて自分の手から離れ，集団生活に入ること，そして子どもの園での生活の一部始終をみることはできない不安はとても強いものであると思われる。わが子が親の手を離れ，自分の目の届かない社会生活への第一歩を歩み出すとき親達は子どもが成長していく喜びと手放さなければならないという寂しさとの葛藤があると推察できる。保育者は，このような母親の気持ちによりそい，「母親はどのように思うだろう」「自分が母親ならどうするだろう」と常に母親の立場にたって考える必要がある。そうすることで，保育者と家庭との連携が成り立つのである。保育施設と家庭が信頼関係で結ばれると，子どもの健やかな成長をともに喜べるようになる。保育施設と家庭の連携が子どもの成長を助長するといっても過言ではない。

■お稽古など早期教育の現状

教育に関心のある保護者が増え，その情報も氾濫している。わが子により良い教育を望むことは当然であろう。生まれる前から英才教育を考えている保護者も少なくない。特定の技術を身に付けさせたいと願ってお稽古をさせる保護者，仲良しの友だちが習っているから，子どもが興味を持ったから等，動機は様々である。いったん始めたお稽古を継続させることや，先生や友だちとの交流，コミュニケーション能力の向上を期待する保護者も少なくない。

株式会社バンダイが，3歳〜12歳の子どもを持つ保護者を対象に2011年1月に行なった調査➡3によると，お稽古をしていない27.5%，次いで水泳（24.1%），ピアノ（14.9%），英会話（12.9%），書道（10.0%），学習塾（8.6%），体操（6.5%），サッカー（5.5%），そろばん（4.5%），空手（3.5%）となっている。男女別に見ると，男子は，①水泳，②習い事をしていない，③英会話，④サッカー，⑤学習塾，⑥体操，⑦書道，⑧ピアノ，⑨空手，⑩そろばんであっ

➡3 創育社『教育アンケート調査年鑑，上』2011。

た。一方，女子の場合は，①習い事をしていない，②ピアノ，③水泳，④英会話，⑤書道，⑥学習塾，⑦体操，⑧そろばん，⑨ダンス，⑩クラシックバレエであった。

ただお稽古や早期教育を行うのではなく，その子にとってどのような意味合いを持つのかを確認し，一過性のものではなく長いスパンでとらえることが望ましい。

■子どもの遊び

子どもの遊びも変わってきた。デジタル機器のめざましい普及により，幼児の頃からテレビゲームに興じる姿を日常的にみかけるようになった。一概にゲームが悪影響を及ぼすともいいがたい。指先を使い考えながらゲームを展開するので，脳も活性化するであろう。ゲームから，習得することもたくさんある。自分の好きなときにできるゲームは手軽であり，友だちとかかわるより単独で遊ぶことのほうが多いだろう。場面展開や様々な登場人物によって，バーチャルの世界でありながらリアリティがある。しかし，相手は画面のなかにだけ存在するので，一方通行のコミュニケーションである。

テレビゲームがまだ存在しなかった時代には，子どもは外で遊ぶことがほとんどだった。缶蹴りに，ビー玉，メンコ，外に出ると近所の幼なじみがいて，一緒に遊ぶうちに上下関係，主従関係，友好関係等社会の縮図のような様々な人間関係を学ぶことができた。しかし，現代ではそのような光景をみかけることは皆無に等しい。子どもをとりまく社会の環境は変化している。現状を把握した上で，子どもが積極的に遊べる環境を提供する必要がある。

② 保育者の技術──遊びと学び

■小さな社会としての保育施設

　子どもにとって生まれて初めての集団生活が保育施設であろう。子ども同士の社会が生まれ，ケンカをしたり，友情を育んだりと小さいながらもいろいろな遊びを通して様々な経験を重ね，人間関係を学んでいく。横の関係はもちろん，異年齢でのかかわりも多い。小さな子は，年長の子どもに憧れを持ち，年長の子どもは，自分より幼い子への思いやりを育み，遊び方やルールを教え合いながら子どもの社会を作っていく。そのなかで，相手に興味を持って遊びを共有することで，相互にかかわり対人関係を学ぶのである。子ども同士で解決しないことは，大人が介入することで円滑に解決する場合もある。子ども同士の様子をよく観察し，時には見守り，時には遊びをリードすることが保育者には求められる。

■学びの場としての保育施設

　保育施設は“遊びの場”としての要素だけではなく，“学びの場”でもある。子どもにとっての学びとは，遊びの上に成り立つものである。遊びながら，そして学びながら社会での知識を身に付けたり，人とのかかわり方を体得していくのである。大人から一方的に教えられるものではなく，子ども自身が自然に習得していくものである。年上の子どもに憧れを持ったり，年下の子どもの世話をしたりすることで相手を思いやったり，集団生活のなかには多くの学びがある。その学びの場を保証するために，保育者は環境を整え，年齢に合った遊びを提供していく必要がある。

■遊びを導く指導者としての保育者

　遊びを通して子ども自身が気づき自ら学んでいくことが多い幼児期であるが，時として保育者がその遊びを導くことで，より良い展開になることがある。保育者が率先して遊んだり，保育者自ら楽しんでいる姿を見せることによって，子どもがその楽しさを感じ，子ども自身も学びを感じ取ることができる。保育者自身の経験や感性がダイレクトに伝わるのである。そのような意味でも，保育者は日頃から感性を磨いておく必要がある。そのときどきに適した遊びを提供し，その遊び方を正しく伝えられているかどうかという観点からも自分自身をみつめ，日々自己研鑽を重ねるように努めたい。

3 子どもの文化

　絵本・紙芝居・鬼ごっこ・わらべうた・素話・手遊び等，子どもならではの文化がある。

　乳幼児期の子どもにとって，"絵本"の影響は大きい。文字の読めない子どもでも，その絵を見ただけでお話の世界を想像できる絵本は，育ちいく乳幼児期になくてはならないものである。言葉をしゃべれなくても，「指差し」◀4で物の名称を伝えることができる。たとえば，「ぞうさんどれ？」と聞くと，絵本のなかのぞうを指さしたり，「おいしそうないちご，一緒に食べようか？」と言うと，パクパクと食べる真似をする。絵本を通して，コミュニケーションのとり方を学んだり，言葉を習得していくのである。子どもの成長過程において，絵本はなくてはならない大切なツールである。保育中，1日1冊は絵本の読み聞かせを心がけ，絵本を通して子どもたちの情操を育んでいきたいものである。

　"紙芝居"は，絵本のように絵のなかに文字がないので，話し手の声や読み方，感情がダイレクトに聴き手に伝わる。「ゆっくりぬ

◀4 指差し（pointing）とは，対象を手や指で指し示すことであり，ノンバーバルコミュニケーション（非言語コミュニケーション）の一種である。

7章　保育者の知識・技術および判断，省察

く」「はやくぬく」「途中までぬく」等の技法があり，紙芝居の絵を
みながら子ども達は想像力を働かせ，イマジネーションの世界を広
げる。絵本同様，季節のものや対象年齢に合わせた題材が用意され
ている。

　子どもの代表的な身体遊びである"鬼ごっこ"は，今も昔も好ま
れる遊びである。鬼役の子どもが，逃げる他の子どもを追いかけて
捕まえる鬼ごっこは，単純な遊びであるがそれぞれの役割を果た
し，ルールを守ることで成立する遊びである。鬼ごっこの種類とし
ては，他に色鬼，高鬼，氷鬼等があり，どろけい，はじめの第一歩
も鬼ごっこの一種である。身体を動かしながら友だちとかかわる鬼
ごっこを通して，子どもたちは人間関係や遊びのルールを学んでい
く。昔のように町中で鬼ごっこに興じる子どもを目にすることは少
なくなったが，保育現場において十分満喫してほしい遊びである。

　子どもが遊びながら考案し生活に即した"わらべうた"は，昔か
ら日本の子どもたちによって歌い継がれてきた。現在では，親から
子に子から孫にと，歌い継がれた日本の文化でもある。わらべうた
は基本的に5音階でできており，耳なじみが良く，覚えやすいとい
う特徴がある。「あんたがたどこさ」「ずいずいずっころばし」「か
ごめかごめ」「はないちもんめ」「ちゃちゃつぼちゃつぼ」「あぶく
たったにえたった」，日本固有の文化であるわらべうたを保育現場
においても活用し，保育者から子どもたちに伝承してほしいと願
う。

　絵本や紙芝居等の小道具を用いず，昔話や本の内容を語る"素
話"は，語り手の表現力が聴き手にダイレクトに伝わる。登場人物
になりきったり，声の抑揚やトーン，表情等総合的に表現すること
で，そのお話の世界へと誘うことができる。事前に内容を頭に入れ
ておかなければ，スムーズに進行することはできない。

　また，既成のお話だけでなく，保育者自身が創作したことや，た
とえ話など子どもたちに伝えたいことを素話として語ることもある。

保育者の表現力や感性次第で，子どものイメージが広がったり理解が増したりする。

"手遊び"は，いつでもどこでも手軽にできる。ピアノがなくても，口ずさみ歌いながら手を動かして楽しむことができる。5本の指を使ったものや，2人でする手遊び等，その種類は豊富である。保育者が歌を歌って手遊びをはじめると，子どもたちも自然に手を動かしはじめる。手指の運動はもちろんのこと，集中したり，注目させたいときなどは効果的である。ひとつでも多くの手遊びを覚え，レパートリーを増やしておきたい。年齢や季節等を考慮したり，速度を変えたりして，変化を楽しむこともできる。保育においてなくてはならないツールである。

子どもの文化に触れることは，子どもの情緒をも安定させる。絵本や紙芝居など子どもの心を育む題材を厳選し提供することは，子どもの情操教育にもなり，人間形成の基礎を培う大切な時期だからこそ，大切にしなければならないものである。

4 保育者の判断

■適切な保育を提供

子どもの成長は千差万別である。同じ年齢の子どもでも同一ではない。その子の性格や特徴，発達段階を考慮し，適切な保育を提供する必要がある。それは，個人だけでなく，クラス全体にもいえることである。子どもにとって適切な保育を提供できているかどうかを常に考えながら，対応できているであろうか等，日々自分自身に問う姿勢を持つようにしたいものである。

■保育教材の選択・厳選

子どもの年齢や月齢，発達に応じた適切な遊具や教材を提供する

ことも保育者の重要な仕事のひとつである。子どもは，知的好奇心をくすぐられると，多少難しいことでも意欲的にチャレンジしようとする。子どもの姿をよく観察することが，その時期に応じた教材の選定につながる。研修会に参加したり，ネットワークを活用して新しい教材を手に入れるようにしたい。子どもの興味・関心のあるものをみきわめ，新しい教材を提供することはより，良い保育のエッセンスとなる。既成の教材や遊具・玩具だけではなく，時には保育者や子どもが手作りすることもある。できそうなものは，どんどん取り入れて制作したい。季節の自然物を取り入れ，どんぐりのコマや，山から採取してきたツタでクリスマスのリースを作ることなども子どもにとっては興味深いことである。

■保育のねらいと内容の確認

保育のねらいには，"どんな子どもに育てたいか"という明確なビジョンが必要である。そのビジョンを達成するためにいま何をすべきかを考えていくと，日々のねらいがより鮮明になるであろう。

ねらいに迷いがあると，指導案そのものがぶれてしまう。自分の立てた指導案に沿って，自信を持って実践してみよう。失敗したら，次は成功できるよう指導案を練り直す必要がある。保育者の判断が重要になってくるが，1度で結果を出そうと意気込まず，自分自身が楽しみながら保育をすることが先決である。子どもたちが登園する前に，必ずねらいと内容や準備物を確認し，保育に備えるようにしたい。1日の保育をシミュレーションすることは，確認作業にもなる。

5 保育者の省察

「省察」とは，自分自身をかえりみて，その善し悪しを考えることである。自分の保育を振り返り，どのような点が良かったのか，またどのような点が良くなかったのかを客観的に考える。そうする

ことで，明日の保育がより良いものとなる。

　省察をする際，多角的な視点が必要である。まずは，子どもに対してどうだったか，次に保育者としての自分自身は子どもに対して適切な援助を行えていたか，最大限の配慮ができていたであろうか等を冷静にみつめ直したい。

■子ども理解と自分自身の省察

　省察を行う際，今の子どもの姿をしっかり理解することから始めなければならない。子どもの現在の様子を把握し，心身両面の状態を加味し，友だちとの関係や家庭環境等多くの視点を持たなければならない。そして，保育者である自分自身の保育を振り返り，客観的に評価することが求められる。子ども理解だけでなく，保育者としての自分自身を客観視することおよび省察の視点，その双方を融合させ，総合的に省察することが重要である。

■子ども１人ひとりに対しての振り返り

　保育者を目指す人に「どうして保育者になりたいのか？」と問いかけると，多くの人は「子どもが好きだから」と答える。子どもが好きという気持ちは保育者になりたいきっかけでもあるが，実習等で保育現場へ出て，同じ気持ちを継続できるであろうか。保育を行う上で，子どもが好きという気持ちはなくてはならない。保育者である以上どの子も平等に愛せる度量がなければならない。１人ひとりを尊重し，大切にすることはいうまでもない。しかし，日々の生活に追われていると，子どもの声に耳を傾けることが後回しになってしまうこともある。１日の終わりに子どもの声を思い出す習慣を身に付けよう。子ども１人ひとりを平等に愛するということを心がけていても実際には難しいかもしれない。しかし，いつも平等にという思いを持つことによって，子どもへの対応が変わってくるのではなかろうか。子どもの人格を尊重し公平かつ平等に接することは，

7章　保育者の知識・技術および判断，省察

保育者として当然のことであるが，常に意識して保育に臨みたいものである。

■子どもへの適切な援助

子どもの個性は十人十色。援助の仕方も子どもの数だけある。保育者として，自分のクラスの子どもに適切な援助ができたかどうかも省察の重要な観点になってくる。保育者が援助することで，子どもは何かをやってみようという意欲が湧いたり，できなかったことができたり，思考のヒントになることもある。援助は，手を貸すことだけではない。見守ることや，ときには1人で考えるよう心を鬼にして突き放すことも必要である。その子どもにとって，保育者としての自分はどのようにかかわることが最適かを考えて接することが求められる。1日の終わりに，子どものことだけではなく，保育者としての自分自身を振り返りたい。そうすることで，保育の展開や，クラス運営，保護者対応にまで考えがおよぶきっかけとなることもある。

■子ども達の協調性

子ども同士の信頼関係が生まれ，友情という絆が芽生えると助け合い共存するようになる。言葉がなくても，困っている子がいたら自然に手を貸すようになる。日々の生活のなかで，関係性が芽生えてくる。お互いに助け合うようになると，仲間意識が生まれてくる。欠席している友だちを心配し，その子の当番活動を代わると申し出て代役を務めるという提案をする子どもも出てくる。他者を認め，受け入れる姿が育ってくる。そのような様子がみられたら，クラス全体で紹介したり，保護者に伝えたりすることで，子どもは自分の存在価値を見出すことができる。

95

■子ども達の連帯感

　生活を共にするようになると，子ども同士の連帯感が生まれる。互いに助け合い協力する姿が見られるようになる。他者を認識し，支え合うことで，自らの存在価値を見出すことができる。年齢が高くなると，保育者が介入しなくても，子ども同士で協力し問題を解決しようとしたり，話し合ったりするようになる。人と人の結びつきや，対人関係を日々の保育のなかから，感じ学びとっていくのである。子どもたちが連帯していたかどうかという観点もまた省察したい内容である。

■子ども１人ひとりの様子

　遊びに入れなかった子どもはいなかったであろうか，また，十分に楽しめていない子はいなかっただろうか，１日を振り返りそのような観点で省察することは，子ども理解につながり，次回の保育の参考にもなる。子ども１人ひとりが楽しく遊べることは大前提である。しかし，遊びを満喫できない子や遊びをもて余している子どもがいる場合もある。保育者としてどのような援助の仕方が考えられたであろうか，１人ひとりを大切にするかかわりを心がけるようにしたい。

参考文献
佐々木正美『子どもへのまなざし』福音館書店，1998
佐々木正美『続・子どもへのまなざし』福音館書店，2001
津守 真『保育者の地平』ミネルヴァ書房，1997
町田嘉章・浅野建二編『わらべうた』岩波文庫，1962
森上史朗・柏女霊峰編『保育用語辞典第６版』ミネルヴァ書房，2010

8章 カリキュラムにもとづく保育の展開と自己評価

1 カリキュラムと保育実践との関連

■カリキュラムの全体構造

　保育は育児とは異なり，専門的知識と技術を備えた専門家が行う
ものである。保育者が保護者に代わり，ある一定期間，一定時間に
複数の子どもを預かり，その間の発達保障を担っているならば，成
り行き任せの生活を送るわけにはいかない。保育者は，親のような
まなざしで接しながらも，1人ひとりの子どもの発達に道筋をつけ
て，計画的に目標を設定し，心身の健やかな発達を助長する環境や
活動を用意することが求められる。

　カリキュラム（curriculum）という教育用語は，ラテン語のクレ
レ（curere 走る）を語源とし，進路・航路を意味する ➡1。明治時
代に「教育課程」として翻訳されたのが始まりといわれる ➡2。そ
の定義を保育に置き換えるならば，保育施設において保育者が組織
して子どもが体験する「保育体験の総体」といえよう。現在，保
育を担う施設では，国が示す法令や「要領・指針」➡3 に準拠して，
修業年限のすべてを見通した全体的な計画として「教育課程を編成
する」ことが義務づけられている。

　全体的な計画・教育課程 ➡4 とは，子どもが入園してから卒園
するまでに，園の目標に向かって，どの時期にどのような順序で，
何を経験し何を学ぶのか，子どもの主体的な取り組みを編成した園
独自の計画である。通常は園の設立時に編成され，理念や方針を核

➡1 森上史朗
・柏女霊峰編
「保育用語辞典
（第8版）」ミネル
ヴァ書房, 2015,
p.122。

➡2 尺振八は
『斯氏教育論』の
中で Curriculum
を教育課程と訳
し, 日本に紹介し
た。

➡3 『幼稚園
教育要領』,『保
育所保育指針』,
『幼保連携型認
定こども園教育・
保育要領』を意
味する。

➡4 「全体的な
計画」とは, 幼
稚園では教育課
程を中心に預かり
保育計画, 学校
保健計画, 学校
安全計画を一体
化させた計画のこ
とをいう。保育所
では, 保育の方
針や目標に基づく
指導計画, 保健
計画, 食育計画
等を包括的に示
した計画のことを
いう。

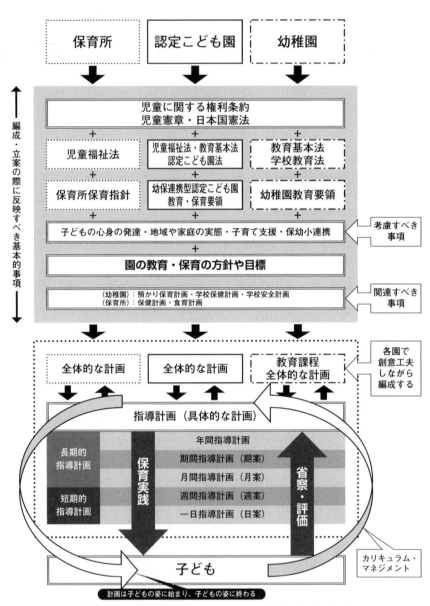

図 8-1 カリキュラム編成・計画立案の流れとカリキュラム・マネジメントのイメージ図

8章　カリキュラムにもとづく保育の展開と自己評価

として，年度ごとに全職員がかかわり，社会の動向や地域の特性，保護者や子どものニーズに応じてデザインされていく。

その全体的な計画・教育課程をより具体化した計画として，「指導計画」▶5 がある。保育は小学校以上の学校教育とは異なり，子どものあるがままの生活や活動を通して，主体的に体験し学ぶ営みである。指導計画は，保育者側の予想（仮説）として立案される。そのため「指導案」と呼ばれることが多く，実践に当たっては柔軟な展開が求められる。

指導計画は，主に担任である保育者が子どもの実態を踏まえ，日々の保育をどのように実践していくのかを具体的に作成していくものである。長期的な指導計画としては，1年間の子どもの発達を見通した「年間指導計画」がある。学年・クラスとして何を目標とし，その達成のために，いつ・何を・どのように経験するのかの計画である。そのなかには，子どもの生活に潤いや変化をもたせるような園行事も適宜配置される。さらに，季節やクラスの成長を節目として「期間指導計画（期案）」▶6，月ごとの「月間指導計画（月案）」が立案される。その上で，短期的な指導計画として，週単位の「週間指導計画（週案）」，「1日指導計画（日案）」が順次立案され，子どもへの実践となるのである。図8-1はカリキュラムの全体構造を示したものであるが，保育者が毎日作成する日案は，指導計画の末端に位置している。つまり，担任としては，あわただしい日々のなかで日案作成を繰り返すことになるが，立案の際は上位にある法令や「要領・指針」を反映させた園の全体的計画・教育課程を意識することを忘れてはならない。

■カリキュラム・マネジメントと保育実践

保育計画を立案するのは保育者であり，保育の主体は子どもである。実践においては必ずしも計画通りにいかない。なぜならば，子どもは，発達の個人差が大きく，これまでの経験の有無や興味関心

◀5　「指導計画」は, guidance program の訳語で, 戦後, GHQ の民間情報教育局の指導のもと, 子どもの個性尊重の思想と結合して導入された言葉である。

◀6　季節を節目とする区分は春夏秋冬, クラス成長の節目とする区分は, 第I期（4·5月）ごたごたの時期「出会う」, 第II期（6·7·8月）まとまりの時期「安定する」, 第III期（9·10·11·12月）盛り上がりの時期「飛躍する」, 第IV期（1·2·3月）まとめの時期「充実する」がある。待井和江編『保育原理　第5版』ミネルヴァ書房, 2004, p.257。

99

▶7 PDCAとは「Plan（計画）→ Do（実践）→ Check（評価）→ Action（改善）」を表わす。

▶8 大宮勇雄他編，『現場の視点で新要領・指針を考えあう』ひとなる書房，2017，p.91。

▶9 「育みたい資質・能力」とは，①知識及び技能の基礎 ②思考力，判断力，表現力等の基礎 ③学びに向かう力，人間性等 である。

▶10 「幼児期の終わりまでに育ってほしい姿」とは，①健康な心と体，②自立心，③協同性，④道徳性・規範意識の芽生え，⑤社会生活との関わり，⑥思考力の芽生え，⑦自然との関わり・生命尊重，⑧数量や図形，標識や文字などへの関心・感覚，⑨言葉による伝え合い，⑩豊かな感性と表現の10項目である。

の程度が異なるため，ある程度の予測はついても，すべてその通りにいくわけではない。実践においては，目の前の子どもの姿をとらえ，計画に固執することなく柔軟に計画を変更・調整・展開していくことが大切である。

　平成29年改訂の幼稚園教育要領や幼保連携型認定こども園教育・保育要領では，「カリキュラム・マネジメント」という言葉が新たに明記された。「カリキュラム・マネジメント」とは，「教育・保育の目標の実現に向けて，子どもや地域の実態を踏まえ，全体的な計画を編成し，実践し，評価し，改善を図る一連のサイクル（PDCAサイクル▶7）を計画的，組織的に推進していくこと」▶8であるとしている。その意味を知れば，決して新しい取り組みというのではなく，従来行っていたプロセスであると理解することができる。「要領」に明記することで，計画と評価の重要性が強調され，園ごとに積極的な取り組みが課されたといえる。さらに，各園で創意工夫して編成したカリキュラムの独自性や，柔軟で創造的な保育実践を認めつつも，新しい「要領」のなかに，「育みたい資質・能力▶9」と「幼児期の終わりまでに育ってほしい姿▶10」を示し，園全体でその姿を共有し，実践することが求められている。これらは，本改訂を審議する会議の報告書「幼児期の教育と小学校以降の教育との円滑な接続の在り方について」（2010）に記された，目標とすべき幼児の具体的な姿が原案になったといわれている。その報告書には，「各幼稚園，保育所，認定こども園においては，幼児の発達や学びの個人差に留意しつつ，幼児期の終わりまでに育ってほしい幼児の姿を具体的にイメージして日々の教育を行っていく必要がある」（傍点筆者）との説明がある。つまり，従来通り「子どもは現在を最もよく生きる」存在として，1人ひとりの異なる「子どもの最善の利益」に考慮して保育していくことに変わりはない。決して，子どもに画一的な成果を求める目標ととらえることがないよう留意しておきたい。

8章　カリキュラムにもとづく保育の展開と自己評価

2 日々の保育実践の省察・評価から

■保育を省察するとは

　保育は，計画を実践に移し，柔軟に展開して終わりというわけにはいかない。実践後の省察は，計画立案時よりも丁寧に行う必要がある。計画通りにいかなかったのはなぜだろうか，子どもの発達や興味関心への実態は把握できていただろうか，環境構成について準備や手順に問題はなかっただろうか，反対に，計画通りにいったのはなぜだろうか，子どもの反応をとらえて進めていただろうか，強引に保育を進めていなかっただろうか等々，自分の保育を振り返る省察によって，保育者としての力が養われているといえる。

　園の保育理念や目標に基づいて立案された計画が，保育実践を通してどのように展開されたのか，また実現されていったのか，個と集団の様相をふまえながら，あえて自分の保育を批判的・反省的・客観的に吟味する。その上で過去への振り返りだけに終わらせず，明日の保育につながる観点を見出すこと，つまり未来に向けて前向きに評価することが，保育者の専門性を高めるために欠かすことのできない作業となる。

　ドナルド・A・ショーン（1930～1997）は，「省察的実践家としての教師は，生徒たちに耳を傾けようと試みる。たとえば，生徒の状況に対面して一連の問いを自分自身に投げかける。この場合，この生徒はいったいどのように考えているのだろうか」●11。

　彼の指摘を保育に置き換えてみよう。保育者が省察するとき，まずその場面における子どもの姿を思い浮かべ，子どもの声に耳を傾けようと試みる。子どもはどのような表情で活動していただろうか，心から楽しんでいたのだろうか，この活動を子どもはどのように考えているのだろうか，となるだろう。保育の実践家として反省的視

●11 ドナルド・A・ショーン著，『省察的実践とは何か』鳳書房，2007, p.349。

点に立つことで新たな発見や明日への構想が生まれる。

　日本では倉橋惣三（1882 ～ 1955）が，保育の振り返りの重要性について次のように語っていた。

　「子どもが帰った後，その日の保育が済んで，まずほっとするのはひと時。大切なのはそれからである。（中略）子どもが帰った後で，朝からのいろいろのことが思いかえされる。われながら，はっと顔の赤くなることもある。しまったと急に冷汗の流れ出ることもある。ああすまないことをしたと，その子の顔が見えてくることもある。一体保育は……。一体私は……。とまで思い込まれることも度々である。大切なのはこのときである。この反省を重ねている人だけが，真の保育者になれる。翌日は一歩進んだ保育者として，再び子どもの方へ入り込んでいけるから」🔲12。

　日々省察を積み重ねていく保育者こそ理想の姿であることは，時代を越えた今も変わりはない。

🔲12　倉橋惣三
『育ての心（上）』
フレーベル新書,
1995, p.45。

■省察の方法

　省察は，一般的に「記録する行為」によって行う場合が多い。個人の頭の中だけで思い返す行為だけでも省察は可能ではあるが，それだけでは曖昧なままで終わってしまう。日々様々なことが起こる保育は，個人の記憶だけにとどめるのは困難なうえ，第三者の意見も求めにくい。保育を記録することは，自分の保育を文字で可視化することになる。1日を振り返って，記録している「その時」は，自分の保育を客観視する「時」であり，子どもの言動を思い返し内面的理解を試みたりする「時」となる。また，保育者側には「このことはぜひ記録に残しておきたい」「保護者にこの子どもの姿を伝えたい」「保育者仲間と一緒に子どもの育ちや保育のあり方を考えたい」などという思いがあるものである。つまり，「記録をする行為」自体が，自分の保育を具体的に振り返り，省察する方法そのものとなっている。

8章　カリキュラムにもとづく保育の展開と自己評価

　自分の保育を言語化し可視化した記録は，次の計画立案時に生かしたり，第三者を交えて自分の保育を見直したりする保育カンファレンス時の貴重な資料となる。自分ひとりでは考えつかなかった子ども理解の視点や援助の方法を見出すことができるのである。形として残すための過去の記録ではなく，明日の保育への方向性や子ども理解への深化につなげていくための生きた記録としたい。

　さらには，省察を個人のものに留めず，園全体で共有していくことによって，組織的に園全体を評価・検証していくことになり，保育の質を相乗的に高めていくことにもなろう。

■保育の自己評価と評価制度

　近年，保育の評価を通して，その園全体の保育を「見える化」し，他者から見えやすくすることが社会的責任として必要となっている。保育は成果がすぐに現れるものではない。しかし，日々の保育を検証することは子どもの心身の健全な発達に適うものとなる。特に，保育の多様化や制度の規制緩和により保育の量的拡大が進む現代，保育の質の確保や格差について，人々の関心は高くなってきている。国外においても保育の評価に関する研究や議論が活発化し，保育の質向上のための適切な評価がいま問われている。

　日本においては，自己の保育の振り返りを評価の基本とし，その妥当性や信頼性を高めるために園全体の自己評価も各園で取り組まれている。

　一方，園に対する公的評価もそれぞれの基準によって実施されている。保育所に対しては厚生労働省から「保育所における自己評価ガイドライン」（2009）により，図8-2のように具体的評価方法が示されている。また外部調査機関による第三者評価も実施され，結果は順次公表されている。

　幼稚園における公的な自己評価は，文部科学省の「幼稚園における学校評価ガイドライン」（2008）に示され，幼稚園はこの自己評

103

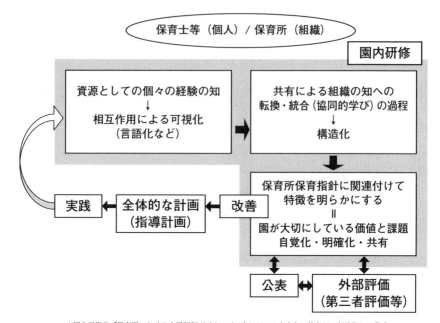

※厚生労働省『保育所における自己評価ガイドライン』2009, p.8 をもとに筆者が一部改訂して作成

図8-2 保育所における自己評価の理念モデル

価を実施し，その結果を公表するよう求められている。

　どちらも園全体の評価は，1人ひとりの保育者が行う日々の保育の計画，実践，省察，評価すべての専門的営みの総合評価となる。しかしながら，これらの基準による評価の実施率は決して高くはない⬅13。日々の業務に追われ，時間の確保が難しいというのが理由にあげられている。しかし，誰のための，何のための評価なのかを改めて認識し，子どもの健やかな育ちに還元していける取り組みとしていきたい。

⬅13 学校関係者評価の実施率は，2011年54.6%（公立75.0%，私立41.6%）。

8章　カリキュラムにもとづく保育の展開と自己評価

3 子どもを主体とした保育の重要性

■子ども主体の計画と保育

　言うまでもなく，保育の主体は子どもである。かつて，子どもの主体性を重んじて保育するのであれば，保育者が計画することそのものが無意味ではないかというノンカリキュラム論が唱えられた時期もあった。しかし，倉橋惣三は『幼稚園真諦』のなかで，「いやしくも子どもを集めて目的をもって教育をしていく者が，全然何等の心構え，すなわち計画，あるいは立案なしでやっていけるはずはありません」➡14 と，無案な保育は単なる行き当たりばったりの思いつきに過ぎず，無責任なものであるとして，保育の計画の重要性を指摘した。その上で，倉橋は計画をどのように子どもに実践していくのかについて，次のように述べている。

　「幼稚園保育の真諦は子どもの生活へ教育を持っていくので，こちらに目的はあるけれども，日々に行っていく保育の実際の働きは，子どもの生活の方へこちらから合わせていくのです。」➡15

　つまり，保育においては，目の前の子どもたちのさながらの生活（ありのままの生活）に保育者の意図的な目的を近づけていくという方法が大事だという。さらに，教育（保育）の目的と，対象（子ども）との関係については，

　「言うまでもなく，目的なしには一切の教育は存在しないのですが，目的だけでは教育はあり得ない。その目的をどういうふうにして，対象の特質に適応させていくかの工夫があって初めて，そこに教育の実際が生まれてきます。そのときに，目的の方を主にして押しつけていくか，対象を主にしてそれに目的を適応させていくか，つまり，目的へ対象をはめていくか，対象へ目的をあらわしていくか，そこの態度の別によって大きな相違が起こってくるのです」➡16 と

➡14 倉橋惣三『幼稚園真諦』第二編 保育案の実際，一 無案保育，フレーベル新書, 1987, p.62。

➡15 前掲書，保育案の意義, p.64。

➡16 前掲書，一教育における目的と対象, p.14（傍点は筆者）。

105

述べている。保育者側の目的は保育の対象である子どもに持ちかけていくように，つまり，子どものありのままの生活を主にして，保育者側が手を差し伸べていくような態度，心構えが大切であるというのである。

さらに，「幼稚園の保育は，教育のいろいろの種類の中でも，特に対象本位に，実に対象本位に，計画されていくべきものである」[17]と子ども本位，子ども主体の保育を強調している。

今日に至っても，その理念は日本の保育の根底にあり，「要領・指針」のなかに引き継がれていることを確認しておきたい。

■子どもの姿に始まり子どもの姿に終わる計画

保育を計画するとき，「子どもの姿に始まり，子どもの姿に終わる」と表現されることがある[18]。つまり，計画するにあたっては，まず目の前の子どもの実態をとらえるところから出発する。子どもの今の興味関心は何なのか，今日まで何を身につけてきたのか，今何につまずいているのか等を踏まえ，全体的な計画の目標に近づくための明日のねらいを具体化する。子どもが主体的に生活できるよう環境の構成を計画し，援助の留意点を含めて立案し，実践する。実践後は，子どもの姿を思い浮かべながら省察・評価する。

このように，計画立案から実践後の省察・評価までの一連の流れには，常に保育する子どもが中心にいる。日々繰り返される計画の循環ではあるが，決して同じ場所に戻るという循環ではない。目標に向かい，行きつ戻りつしながら，上昇に向かう螺旋状の循環といえよう。つまり，保育実践前の「子どもの姿」と保育実践後の「子どもの姿」は同じ姿ではなく，後者の子どもは，経験から何らかの発達的要素を獲得した成長した子どもの姿である。

[17] 前掲書，一教育における目的と対象，p.17。

[18] 待井和江編『保育原理第5版』ミネルヴァ書房，2004，p.285。

8章　カリキュラムにもとづく保育の展開と自己評価

4 教職員間の信頼関係の重要性

■保育実践前のカリキュラムの共有

　ひとりの保育者として園組織に従事するのであれば，園の方針に則ったカリキュラムを共有し，全教職員の共通理解のもとで実践に臨むのは当然のことである。個人の保育観や子ども観を基盤としながらも，園の骨格となるカリキュラムに矛盾することがない姿勢で保育にあたることが組織上重要となる。

　カリキュラムを編成する際の留意点として，「要領・指針」には，「教職員による協力体制の下」と各所に明記されている。また，「教育課程の編成についての基本的な方針が家庭や地域とも共有されるよう努めるものとする」[19] と記され，各関係機関や小学校との連携も含め，園内だけではなく園外に対しても，カリキュラムを共有することが求められている。近年，幼稚園・保育所・認定こども園が，子育て支援や幼児の教育センター的な役割を担うようになり，地域や家庭に対してもカリキュラムの理解が得られるような園の姿勢が望まれている。

　一方，カリキュラムの運営・実施上の留意点には，「各幼稚園においては，園長の方針の下に，園務分掌に基づき教職員が適切に役割を分担しつつ，相互に連携しながら，教育課程や指導の改善を図るものとする」[20] とし，保育所では「施設長，保育士など，全職員による適切な役割分担と協力体制を整えること」[21] と記され，編成時のみならず，実施時においても園内全教職員のカリキュラムの共有が重要となっている。

　このように，カリキュラム編成にあたっては，共通理解・協力体制・創意工夫といった姿勢を基本とし，実践にあたっては，互いの信頼，協力，柔軟的姿勢で保育に臨むことが大切である。

◀19 幼稚園教育要領〈平成29年告示〉第1章総則-第3-2 各幼稚園の教育目標と教育課程の編成。

◀20 幼稚園教育要領〈平成29年告示〉第1章総則-第6 幼稚園運営上の留意事項。

◀21 保育所保育指針〈平成29年告示〉第1章総則-3保育の計画及び評価-(3)指導計画の展開-ア。

107

■保育実践後の評価の共有

　教職員間で共有された計画に基づき，保育実践を終えた後，個人で省察・評価していくことの意義は，先に述べた通りである。ここでは，省察・評価内容を園内外で共有していくことについて考えてみよう。

　園内研修や保育カンファレンスの場で，個別の省察を公開し，他者と協議していくことは，単なる自己評価に終わらない効果が期待できる。他の保育者なら，どのようにその子どもの行為の意味を考え対応したのかを知ることで，子ども理解に必要な多様な視点と，援助の様々な在り方を学ぶことができる。そのことで，幅広いものの見方や考え方を身につけ，自己の保育観や子ども観を深化させ，専門性の向上につながっていく。

　一方，園内で共有するだけではなく，保育所では「保育の質の向上を図るため，保育の計画の展開や保育士等の自己評価を踏まえ，当該保育所の保育の内容等について，自ら評価を行い，その結果を公表するよう努めなければならない」➡22と自らの評価を園外へ公表することが努力義務として求められている。

　園内研修や保育カンファレンスにおいて保育者間で評価を共有し，園外に積極的に公表していくことは，カリキュラム・マネジメントを活発化することになろう。園全体で保育の質を高めていくには必要な取り組みである。

■教職員間の相互理解と信頼に支えられる保育

　保育実践は，保育者のチームワークによって成り立っている。どんなに能力的に優れた保育者が揃っていたとしても，個人プレーでは保育はうまくいかない。個人技よりもチーム力である。そのことを，大場は「同僚性」と称して保育実践にかかわる重要な視点を提示している。「自分が何かをしてもらうことを求める前に，誰かが

➡22 保育所保育指針〈平成29年告示〉第1章総則-3保育の計画及び評価-(4)保育内容等の評価-イ(イ)。

8章　カリキュラムにもとづく保育の展開と自己評価

必要とするときに必要な支援をする自分の判断と行動がまず先にあるべきだろう」[23]，つまり他の保育者を頼ったり，助けてもらったりすることを待つのではなく，経験の有無にかかわらず，自分の周囲に困っている保育者はいないか，どのような助けを必要としているのかというような視点を持って，相互に行動し合うことが，保育のチーム力の向上につながるというのである。

　資格免許を有した人であっても，すべての業務に完璧な保育者はいない。それぞれが得意とする知識や技術を発揮するなかで，足りないところは補い合い，連携を深め合いながら保育を創っていくことは，子どもにとっても安心・安定した環境をつくることになる。保育者集団の姿勢としては，目の前の子どもにとって今どうすることが望ましいのかを計画立案の段階から方向性を同じくして，子どもの健やかな成長を願う気持ちを共有して保育に当たることが大切である。ひとりの子どもの育ちに混乱をもたらさないよう，教職員間で十分に理解し合い，信頼し合って仕事を進めていくことは，保育者集団には欠かせない基本的姿勢である。

　保育における教職員間の相互理解については，スティファニー・フィーニィも，「同僚は仕事仲間以上の存在です。職場と責任を共有する人々です。運がよければ，同僚はあなたの哲学と情熱を共有し，喜びと悲しみを理解し，共感的に話を聞いてくれ，褒めてくれたり，誠意あるフィードバックをしてくれたり，激励やアドバイスの言葉をかけてくれたりします。仕事仲間とのコミュニケーションやよい仕事関係は，子どものプログラムを高め，自分の仕事をより容易により楽しくしてくれます」[24]と述べている。

　このように，教職員間の相互理解と同僚性の意識は，必ずや1人ひとりの子どもに幸せな発達をもたらす信頼性の高い保育をつくっていく力となるであろう。

[23] 大場幸夫『こどもの傍らに在ることの意味』萌文書林，2007，pp.182-185。

[24] S・フィーニィ他著，Who am I 研究会訳『保育学入門──子どもたちと生きる保育者』ミネルヴァ書房，2010，p.537。

引用・参考文献

浅見 均・田中正浩編著『保育方法の探究（第2版）』大学図書出版，2009

大場幸夫『こどもの傍らに在ることの意味』萌文書林，2007

倉橋惣三『幼稚園真諦』フレーベル新書，1987

倉橋惣三『育ての心（上）』フレーベル新書，1995

ステファニー・フィーニィ他著，Who am I 研究会訳『保育学入門——子どもたちと共に生きる保育者』ミネルヴァ書房，2010

ドナルド・A・ショーン著，柳沢昌一・三輪建二監訳『省察的実践とは何か——プロフェッショナルの行為と思考』鳳書房，2007

中留武昭・田村知子『カリキュラムマネジメントが学校を変える』学事出版，2004

日本保育学会編『保育学講座3　保育のいとなみ』東京大学出版会，2016

待井和江編『保育原理（第5版）』ミネルヴァ書房，2004

師岡 章『保育カリキュラム総論——実践に連動した計画・評価のあり方，進め方』同文書院，2015

8章　カリキュラムにもとづく保育の展開と自己評価

災害への備えとは何か──体験者から学ぶ名簿の管理──

　「地震や非常時には、まっさきにこの名簿を持ち出します。濡れても大丈夫なようにクリアケースが最適。こうして誰からも見えるところに吊るしておくのが一番です」こう力説する陸前高田市にある保育所の園長先生。

　あのとき、名簿を持ち出せず、関係書類はすべて流されたため、その後に園児たちの安否確認をするのに大変な時間と労力を費やしたのだという。

　「歩いた。歩いた。車もないし、あったとしても道がないんです。坂道の多いところでは自転車だってかえって邪魔。避難所を回っては子どもたちの居場所を探しました。掲示板には自分の連絡先を書いた紙を貼り、連絡があるのを待ちました……」。全園児の所在がわかるまで、自身の家族・親戚のことは後回し、何より園児の確認を優先してきたという。

　幸い、園児全員の無事は確認された。しかし、ほとんどの子どもが家や家族の誰かを失っていた。「園児を探すのに、保護者の名前と連絡先は大切な情報です。いつでも持ち出せるところに置いておくことです」。その時に得た教訓だという。

　この話から数週間後、筆者は都内のある保育園へ行く機会があり、名簿のことを尋ねてみた。「名簿は、個人情報が満載だから全園児のものは、鍵のかかる場所に保管しています。紛失したり漏えいしたりしたら大変ですから」とのことであった。鍵は園長先生が所持しているという。

　考えさせられる「名簿の置き場所」である。

111

災害時に求められる保育者の力——即断力，行動力，気力——

　2011年3月11日午後2時46分，陸前高田市内の保育所では，子ども達は午睡から目覚め，おやつを食べていた。その時，激しい揺れが起きた。地震発生後は日頃の訓練通り，園庭に避難し全園児の安全確認を終えた。子ども達は保護者の迎えで次々と帰宅し，あと4名の子どもの迎えを待つばかり。その時だった。園庭にいた園長が異様な物音に振り返ると，一面真っ黒な煙が押し寄せてくるのが見えた。同時に「津波だ！逃げろ！」と怒鳴り声。園長，保育士達は4名の子どもを抱き抱え，急ぎ高台へと走った。無我夢中だった。間一髪，眼下には，一面波にのまれていく園舎が見えた。職員の車も次々に流されていった。園舎は3年前に建て替えられたばかりのためか，建物自体はどうにか残った。

　状況が落ち着いてから，園長は，保育士達と流れ込んだ瓦礫の撤去作業を始めた。みな避難所から駆けつけ，何日も何日も汗を流した。そんな矢先，建物使用禁止の通達を受けた。津波直撃のコースにある限り，この場所での再開はできないのだという。使えると思って泥を洗い流した遊具，教材の行き場がなくなった。再開の場が確定するまで，園長は他園の職員室の机を間借りした。保育士達も他園へ一時配置換えだ。筆者が訪れた時，机の上で仮設園舎の構図に鉛筆を走らせる園長の姿があった。保育士達の雇用を守らないといけない……子どもたちが帰ってくる場所を作らないといけない……不安な心境の中にも強い信念と責任感が園長を支えていた。

9章 学校教育における乳幼児教育の位置づけ
——連続性と一貫性

1 人生のもっとも初期に出会う教師としての保育者

　私たちは人生を通じていったい何人の教師に出会うだろうか？
私たちが出会う教師は何も学校教育における教師だけではない。学
生を終えたあとも生涯にわたって相当の数の教師と出会っていく。
そうした教師のうち，子どもが初めて出会うのが保育者である。し
たがって保育者は子どもに教師という存在の原風景を与えるもので
ある。では，子どもにとって初めて出会う教師とはいかなる存在な
のだろうか。この節では，人生の最初期に出会う教師としての保育
者の特質についてみていくことにする。

■「贈与」としての保育

　親から子どもに注がれる愛情とはどのような性質のものであろう
か。それは，無償のものであり，わが子へのやむにやまれぬ本源的
な欲求から注がれるものである。保育者に限らず，広く教育者に
とって，こうした「見返りを求めない」子どもへのかかわりは極め
て重要なものである。このことに関して，教育学者の矢野智司が提
示した教育をめぐる2つのキーワード（「交換」と「贈与」）をもと
に考えてみたい。

　保育者もそれが職業である以上，保育実践を行うことで，その見
返りとして返礼，つまり給与を受け取る。あるいは給与に限らず，
実践を行うなかで保護者からの評価を得たり，社会的評価を受けた
りすることもあるだろう。保育者がもし仮に「見返り」を得ること

を第一に考え，「見返り」だけを求めて保育実践を行うならば，それは「交換」原理にもとづく行為となる。「交換」原理は，商人的発想の根本にあるものであり，貨幣による等価交換がその原型である。100円を支払うことで100円の価値のものを手に入れる。つまり与えたものと同じだけの見返りを求める。こうした振る舞いは，ギブ＆テイクの発想にもとづくものであり，教育の場面で考えるならば，教育をサービスと捉える発想に結びつくものである（子どもはお客様であり，お客様を満足させることで返礼を受け取る）。

　この「交換」原理にもとづく行為が悪であるといいたいのではない。保育職が仕事である以上，対価を得るために働くのは当然である。だが，保育の営みがこの「交換」原理にのみもとづくならば，保育実践はあまりにあじけないものとなるのではないか。というのも，保育実践のうちには「交換」原理に回収されない（回収できない）側面が多分に含まれるからである。そしてそうした側面こそ，保育実践に従事する者が味わう醍醐味ともいえる。

　「交換」原理に回収されないもの，それは「贈与」の原理である。「贈与」とは一切の見返りを求めずになされる行為である。先にあげた親から子へと注がれる無償の愛，これは「贈与」の典型的な場面である。親は子どもから返礼を受け取るために子どもに愛情を注ぐわけではない。わが子を思い湧き起こってくる愛情，わが子のためとあらば，たとえ自分の身を犠牲にしてでも苦にはならないという思い，これは「交換」原理で説明がつくものではない。そのような親から子への無償の愛は「贈与」原理のプロトタイプ（原型）である。

　ところで，教育思想家のペスタロッチ（Pestalozzi, J.H., 1746～1827）は彼の教育理論のなかで母親を理想の教師と位置づけた。最高の教師は母親であり，母親の愛こそが教育のもっとも有効な力であるというのである。そして母性的なかかわりを教育の根源とみなした。この点は「人生のもっとも初期に出会う教師」である保育者の特質について考える上で極めて重要である。つまり，母親に代

わって幼児期の子どもを預かる保育者にもまた子どもへの母性的なかかわりが求められるのだ。そしてこの母性的な働きかけの中核をなす概念が「贈与」であるといえる。

「贈与」が「交換」と決定的に異なる点は，「贈与」の場合，「贈与」を受けた者は決して与えてくれた相手に同じだけのものを返すことができないという点である（等価交換の不成立）。見返りを求めずに与えられるものは，それがあまりに圧倒的であるため，同じだけのものを贈与者に返すことができない（親から受け取った愛情を金銭に換算して返すなどということはできようはずもない）。結果，「贈与」を受けた側は「交換」にもとづく発想を超えていかざるをえないのである。では「贈与」を受けた者は，いかに振る舞うこととなるのだろうか。親から与えられた無償の愛は，今度は自分が親になったとき，次世代を担う子どもに注がれることとなるのではないか。与えてくれた親に返すことができなくとも，次世代へとそれを繋いでいくことはできる。こうして際限のない「贈与のリレー」が駆動することとなる。

子どもがはじめて出会う教師，すなわち保育者の仕事もこうした「贈与」の側面を多分に有している。子どもへの母性的かかわりは，「見返り」だけを求めて勤まることではない。この側面を大切にできるか否かは保育者たる上で極めて重要な要素となる。次世代を担う人材を育てていく尊い営みに従事する者として，保育の「贈与」としての側面をいかに自覚できるかは大きなポイントである。そして保育者として，そのような「贈与」にもとづく姿勢を貫くことで，結果として自然と子どもからも親からも地域からも信頼される保育者となりえるであろう。

■〈保護の防護柵〉

「人生の最初期に出会う教師」として保育者に求められることを別の観点からも考えてみよう。その重要な役割のひとつに子どもたち

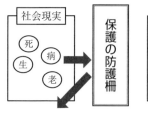

図9-1 「社会現実」と「教育現実」

を守るための〈保護の防護柵〉を設けることがあげられる 🔲1（図9-1）。乳幼児を対象とした教育に携わる保育者にとって、この〈保護の防護柵〉を設けることはとくに重要である。「柵」といっても物理的に柵を設置するというのではなく、子どもが育つための環境を整えるということである。

🔲1 山名淳「14章 学校教育——教師はいかにして教育を行っているか」田中智志・今井康雄編『キーワード現代の教育学』東京大学出版会, 2009, pp.175-177。

ここで大人が生きる現実を「社会現実」、学校において構成された現実を「教育現実」と規定しよう。「社会現実」のなかでは、複雑な問題が渦巻いている。不条理な事柄や解決困難な問題も無数に存在する。生老病死にかかわることなど、子どもたちに突きつけるにはあまりに重い問題が社会には数多く存在する。こうした問題については、子どもたちが直にさらされることのないよう防護柵で保護すべきなのである。子どもたちは、守られた環境のなかで、すなわち「教育現実」のなかで、じっくりと世界のありようを学んでいくべきなのである。

このことは学校教育全般においていえるだろうが、十分な保護が必要な乳幼児を対象とする保育者にとって、これは特に配慮すべき事柄なのである。

■子ども1人ひとりが自分の価値に気づくことができるようなかかわり

現代社会は価値が多様化した社会である。こうした多元的価値を認める社会にあって、物事をひとつのものさしで測るのではなく、多角的にとらえ、それぞれの価値を尊重していくことが求められる。このことは社会的価値観に限らず、個人の場合においても同様である。子どもたちは1人ひとり異なった個性を有する存在である。そ

9章　学校教育における乳幼児教育の位置づけ

のような多様な個性を尊重するために，保育者としてなすべきは，子どもたちの自己肯定意識を育てることにある。子どもたちが自分らしさを生かしていくためには，その前提としてありのままの自分を受け入れる意識を持てなければならない。乳幼児期にこの自己肯定意識を持てるか否かは，学童期以降の子どもの成長にとっても大きなカギを握ることとなる。

2 乳幼児にふさわしい経験を通して身に付けるもの

■社会性を磨く場としての集団保育

　前節で示したとおり，教育実践とは，〈保護の防護柵〉によって囲われた安全な領域である。そして，このなかは，社会の縮図ともいえる場所となる。この社会の縮図としての集団保育の場において，子どもたちは，様々な人間関係について学んでいくこととなる。他者と協力していくことの重要さ，何が正しく，何が間違っているかの判断など，人間社会の基本的な事柄を他者とのかかわりを通じて学んでいくことになる。時には友だちとけんかをしたり，失敗をしたりすることもある。けれども，保育者の庇護のもと，守られた環境のなかで子どもたちは社会の重要な事柄を学んでいくのである。こうした安全さが確保された環境で存分に人間性を磨いていくこと，このことが乳幼児教育段階には必要である。

■「遊び」にもとづく保育

　乳幼児教育と小学校以降の教育との顕著な違いは，前者が「遊び」を中心として行われている点にあるだろう。普通，私たちは「労働・学習」と「遊び」を二項対立的にとらえる。「労働・学習」は，まじめな事柄であり，遊ぶことは，余暇，息抜きとみなされる。そして概して，「遊び」は「労働・学習」よりも価値の低いものと

117

みなされる。それでは，おもに「遊び」を中心として実践が行われる保育実践は，小学校以降の学習に比べて価値が低いのだろうか。乳幼児教育においては子どもをただ遊ばせているだけで，学びの程度は低いのであろうか。そうではない。乳幼児教育における「遊び」は，決して息抜きや気晴らしなどではなく，真に真面目な行為である。そして「遊び」を通じて子どもは人間が身につけていくべき基本的な事柄（他者との連帯・協力の重要性，社会性，豊かな人間性）について学んでいくのである。

　けれども，「遊び」は子どもの発達にとって「役立つから」重要なのではない。「遊び」は発達に寄与するから重んじられるのではなく，「遊び」そのものに固有の価値があることを見過ごしてはならない。私たちが遊ぶとき，それが何かの役に立つからという理由で遊ぶわけではない。「遊び」そのものが楽しいから遊ぶのであり，遊ぶこと自体が「目的」なのである。

　「手段」から解放され，時間を忘れて今この瞬間に没頭するこうした「遊び」の状態は，しばしば「自由」の境地と同じものとみなされた。「遊び」を高く評価したシラー（Schiller, J.C.F., 1759～1805）は，「人間は遊ぶときにのみ真の人間であり，真の人間であるときにのみ遊ぶ」という有名な言葉とともに，人間が遊んでいる状態を「自由」な状態ととらえたのである。ここでいう「自由」とは，自分勝手に振る舞うことでもなければ，社会的権力から解放されることでもない。きちんとルールに従いつつ，しかも自分の根源的な欲求に身を任せているという状態である。こうした「遊び」の状態は，息抜きや気晴らしとは無縁の状態である。そこにおいて極限の集中が果たされているのだ。子どもは「遊び」を通じて「自由」を体感し，時間を忘れ「今ここ」に没頭するなかで生きる喜びを感じる。そしてこの「遊び」のなかでこそ創造性が発揮される。クリエイティヴな活動と「遊び」は切っても切り離せない。ホイジンガ（Huizinga, J., 1872～1945）は文化の根底に「遊び」を位置づ

けたが，創造的行為は常に「遊び」のなかにあらわれているのである。哲学者ニーチェ（Nietzsche, F.W., 1844 ～ 1900）が，人間の目指すべき「超人」を「遊ぶ子ども」とみなしたことは有名であるが，このことも「遊び」がいかに人間の活動において尊いものであるかを物語っている。

③ 学童期に入る前に習得したい事柄

■「セルフコントロール」の重要性
──マシュマロ・テストから

　学童期に入る以前に習得したい事柄は，感性を育んでいくこと，他者との信頼関係を築くこと，自己肯定意識を高めることなど様々な要素があるが，「衝動を我慢すること」（セルフコントロール）も大事な要素のひとつである。

　1960年代にアメリカ・スタンフォード大学の心理学者ウォルター・ミシェル（Walter Mischel）によって行われた「マシュマロ・テスト」はきわめて興味深い結果を示すものであった（実験対象は4歳児）。実験内容は次のようなものである。子どもにマシュマロをひとつ差し出し，その後実験者は席をはずす。実験者が戻ってくるまでの間に，マシュマロを食べてもよいが，食べずに我慢することができれば，褒美として子どもにふたつマシュマロを与える。そして実験者が席をはずしている間の子どもの行動を観察するのである。子どもたちにはマシュマロを食べたいという衝動を我慢すること，つまり，セルフコントロールが求められるのである。この実験が興味深いのは，実験後十数年経ってから，「我慢できた子」のグループと「我慢できなかった子」のグループを比較した点にある。結果として，前者の方が後者よりも対人関係において優れており，自分に自信を持っているなど，両グループに明確な差が生じた

というのである。また，大学進学適性試験（SAT）では，前者と後者の平均点に総合点で 210 点の大差がついたという。このマシュマロ・テストは人間にとって，衝動を我慢することがいかに根本的な事柄であるかを物語っている。

4 子どもの望みに応える保育

■「遊ぶ」ことのできる保育者

「遊び」にもとづく保育を営んでいく上で，何より保育者自身が「遊び」の価値を理解し，「遊ぶ」ことができなければならない。これは言い換えるならば，大人でありつつ，子どもでもありつづけなければならないということである。大人は「意味」に縛られた世界に生きている。鉛筆は勉強に使うもの。帽子は頭にかぶるもの。椅子は腰をかけるもの……。子どもたちは「遊び」をつうじてそうした「意味」を容易に突きやぶっていく。鉛筆をバットにしたり，帽子をフリスビーにしたり，椅子を船に見立てたり。子どもの想像力・創造力はしばしば大人を驚かせる。

興味深い例をひとつあげよう。スティーブン・スピルバーグ監督の映画『フック』（1991）は子どもの「遊び」について考えるうえで示唆に富んでいる。『フック』の主人公は「大人になったピーターパン」である。大人になったピーターパンは現実世界で弁護士として多忙な毎日を送っており，遊び心を忘れてしまっている。再びネバーランドに赴くことになったピーターパンは，しかしながら，もはや飛ぶ方法も剣の扱い方もすっかり忘れてしまっている。象徴的なのはネバーランドの子どもたちとの食事のシーンである。子どもたちはおいしそうに食事をとっているのだが，大人になったピーターパンには，当のご馳走が見えない。彼には皿だけが並んでいるようにしか見えないのである。だが，子どもたちのリーダーにバカ

9章　学校教育における乳幼児教育の位置づけ

にされ，怒りを露わにしたことがきっかけでピーターパンは目の前
のご馳走が見えるようになる。大人である彼は理性で感情を抑えつ
けていたのだが，感情をあるがままに表に出したことで子どもの世
界に入っていくことができたのである。そして子ども心を取り戻し
たピーターパンは，剣の扱い方や空の飛び方を思い出し，見事フッ
ク船長を倒して現実世界に戻ってくる。もっとも重要なのは現実世
界に戻ってきたピーターパンが現実世界を見るそのまなざしが変容
しているということである。以前の仕事に追われていた彼とは異な
り，遊び心を取り戻し，「空を飛ぶこともできる大人」となってい
る。この物語は，保育者としての在り方を考える上で重要な問題を
投げかけている。子どもとかかわる保育者が，子どもの遊びの世界
に入っていくことができなければ，子どもとかかわることなどでき
ないということである。子どもの要求に応えられる保育者とは，子
どもの目線に立ち，子どもとともに遊ぶことのできる（ファンタ
ジーの世界に入っていくことのできる）保育者である。遊び心を失わ
ず，子どもと一緒になって遊べるということは保育者の重要な資質
といえるのである。

■客観的なまなざしを持ちつつ，その場に専念するということ

　『フック』が問いかけているのは，大人が子ども心を取り戻すと
いう点だけではない。子ども心を保ちつつ，大人であること，ファ
ンタジーの世界に生きつつ，現実世界を生きるということ，この点
が物語の最終場面で強調されているのである。保育者も当然ながら，
ただ子どもと一緒に遊んでいればよいというだけではない。状況を
常に客観的に判断する冷静な視点が求められるのである。保育者に
は現場で起きている状況を瞬時に判断し，1人ひとりの子どもが何
を求めているのかを見抜く透徹した眼差しが必要である。だが，た
だ単に冷静な視点をもっているだけでよいかというと，そうではな
い。子どもとの遊びに没頭しつつ，しかもその場の状況を的確にと

121

らえる視点を保たねばならないのである。没頭しつつ覚めているという，この二重性が保育者に求められるのである。

■繰り返し教えることの重要性

「型はめ教育」という言葉を耳にしたとき，私たちはどのような印象をもつであろうか。ひとつの型を子どもに押し付け，子どもの「自由」な活動を阻害する悪しき教育としてこれをイメージする向きも多いのではないだろうか。しかしながら，この「型」というものは，子どもが成長していく上で不可欠のものといえる。「型」は，衣服の着方，食事の仕方など生活習慣にかかわりあったり，社会的なルールや慣習であったりする。いまだ社会化されていない乳幼児はそうした人間の基本的な生活様式，生きていく上で守るべきルールなどを身につけていない。そのような乳幼児は，社会の一員となるにあたって，基本的な「型」を習得せねばならないのである。「型」を習得するということは子どもたちにとっては，強制的・矯正的な側面も大きい。このため幼児期における保育では，学童期における教育以上にひとつの事柄を忍耐強く，繰り返し子どもたちに教える必要がある。乳幼児期に沁みこんでしまい，一度定着してしまった習慣やくせを後になって矯正することは困難である。保育者は穏やかで温かな態度で，繰り返し働きかけ，人が生きていく上で必要な基本的「型」を子どもたちに体得させていく責務があるのである。

■知りたい・学びたいという欲求を充足させる保育者

子どもたちの好奇心を満たしてあげることも保育者の重要な役割のひとつである。子どもたちは大人達が自明視している事柄に対しても「なぜ」と問いかける。そうした質問はときに大人を困らせる哲学的次元の問いであるかもしれない。私たちは大人になるにつれて「なぜ」と問うことを止め，「そんなことを考えても時間の無

9章　学校教育における乳幼児教育の位置づけ

駄だ」と切り捨てたり，「そういうきまりだから」と割り切って物事をとらえたりする場合が多い。けれども，子どもたちはみずみずしい感性で，本質的な問いを投げかけ，大人が固定化してしまった世界を揺さぶる。保育者は子どもの感性によりそい，問いを共有し，子どもたちとともに考えていくべきである。知りたい・学びたいという子どもたちの知的好奇心の芽を摘み取ってしまわないためにも，保育者は子どもたちの豊かな発想によりそい，保育者自身も常に様々なことに好奇心や探究心を抱き続けることが必要なのである。

参考文献

汐見稔幸『このままでいいのか超早期教育』大月書店，1993

ダニエル・ゴールマン著，土屋京子訳『EQ　こころの知能指数』講談社，1996

矢野智司『自己変容という物語——生成・贈与・教育』金子書房，2000

山名 淳「14章　学校教育——教師はいかにして教育を行っているか」田中智志・今井康雄編『キーワード 現代の教育学』東京大学出版会，2009

10章 家庭や地域社会との連携

1 子どもの帰る場としての家庭との連携

■家庭との連携における保育者の専門性

　児童福祉法（2010）における保育士とは「登録を受け，保育士の名称を用いて，専門的知識及び技術をもって，児童の保育及び児童の保護者に対する保育に関する指導を行うことを業とする者」（第18条の4）であり，子どもの保育と同様に，保護者に対する保育の指導と支援が，保育士の役割であると記されている。これを踏まえて平成30年度改訂の保育所保育指針（以下保育指針）では，「保育所の役割及び機能が適切に発揮されるように，倫理観に裏付けられた専門的知識，技術及び判断をもって，子どもを保育するとともに，子どもの保護者に対する保育に関する指導を行うものであり，その職責を遂行するための専門性の向上に絶えず努めなければならない。」と明記されている。保育者の専門性とは，保育に関する専門性と，それに加えて倫理観と知識，技術を持って保護者への支援を行う専門性を指している。さらに保育指針では，保育所を「保育を必要とする子どもの保育を行い，その健全な心身の発達を図ることを目的とする児童福祉施設であり，入所する子どもの最善の利益を考慮し，その福祉を積極的に増進することに最もふさわしい生活の場でなければならない。」（第1章総則1（1）保育所の役割ア）と記している。子どもの最善の利益を追求することが保育の最大の目的であるならば，それを果たすために，子どもが帰る場所である家庭

10章　家庭や地域社会との連携

と連携することは欠かせない。なぜなら子どもには自分で生活を向上させたり，環境を変化させたりすることが難しいからである。それゆえに保育者が当事者性を持って保護者の養育力の向上を図ることが求められる。それは結果的に保育の目標である子どもの生命（生命の保持）と，暮らしを守る（情緒の安定）ことにつながるのである。

■保護者の養育力の向上を図るための視点

保育所保育指針では，保育所における保護者に対する支援の基本として，以下の項目および留意点をあげている。

---

(1) 保育所の特性を活かした子育て支援
　　ア 保護者に対する子育て支援を行う際には，各地域や家庭の実態等を踏まえるとともに，保護者の気持ちを受け止め，相互の信頼関係を基本に，保護者の自己決定を尊重すること。
　　イ 保育及び子育てに関する知識や技術など，保育士等の専門性や，子どもが常に存在する環境など，保育所の特性を生かし，保護者が子どもの成長に気付き子育ての喜びを感じられるように努めること。
(2) 子育て支援に関して留意すべき事項
　　ア 保護者に対する子育て支援における地域の関係機関等との連携及び協働をはかり，保育所全体の体制構築に努めること。
　　イ 子どもの利益に反しない限りにおいて，保護者や子どものプライバシーを保護し，知り得た事柄の秘密を保持すること。

保護者の養育力を向上させるための視点には，子どもの福祉を第一として，保護者の気持ちを受け止める受容，子どもの成長をともに喜ぶ共感，保護者に対する子育ての知識・技術の伝達，信頼関係を基本とする保護者の自己決定の尊重，地域の関係機関や団体との連携などがあげられる。これらによって，保護者がゆとりを持って養育する意欲を高め，身に付けた知識や技術を使って主体的に子育

125

てをすることができるようになる。このような保護者の養育力の向上が，保育者の支援目的であるといえるだろう。

表10-1 保育技術の内容 ➡1

発達援助の技術	発達過程にある乳幼児の1人ひとりの心身の状態を把握し，その発達の援助を行うために活用される技術
生活援助の技術	子どもの食事，排泄，休息，衣服の調整（着脱）等を援助する技術，および子どもの日課を把握し調整する技術
関係構築の技術	子どもの人に対する愛情と信頼感をはぐくみ，子どもの発達や生活を援助するために基盤となる関係構築のための技術
環境構成の技術	子どもが環境との相互採用における多様な体験を通じて自らを育むことを，環境構成によって支える技術
遊びを展開する技術	遊びを通して乳幼児期にふさわしい体験を提供する技術

➡1 柏女霊峰・橋本真紀「保育者の保護者支援——保育指導の原理と技術」フレーベル館，2008，p.192より筆者作成。

■子どもの成長を共に喜ぶ共感

日々の保育のなかで，保育者は子どもとかかわることによって，小さな成長とその積み重ねを数多く実感することができる。それは保護者が家庭で子どもと向き合うときも同様である。保育場面でのささいな出来事を保護者に伝えて，それが子どもの育ちに必要であることを保護者と共有することが大切である。小さなエピソードの積み重ねによって保護者自身が日々の家庭での子育てを振り返る視点を持ち，養育する力を向上させる機会につなげていく。子どもの成長を共有することは，子育てを一緒におこなう協働者としての意識を相互に持つことになる。大切なのは，保育者が一方的に支えようとするのではなく，保護者が気持ちを表出しようと思えるような，言葉を引き出すことを促すようなかかわりを意識することである。例えば子どもが成長したと実感できる場面で，保護者が子どもの育ちを「うるさい」「汚い」「言うことを聞かない」など，拒否的に言うことがあるが，これらは愛情表現のひとつととらえることもできる。保育者は，必ずしも言葉通りにとらず，子どもの長所や保育場面での姿を伝えることによって，かえって子どもの成長を実

感できる方向へ転換させることが大切である。保育所保育指針では，保育の方法のひとつとして，「一人一人の保護者の状況やその意向を理解，受容し，それぞれの親子関係や家庭生活等に配慮しながら，様々な機会をとらえ，適切に援助すること。」（第1章1.（3）保育の方法）と記している。また，新幼保連携型認定こども園教育・保育要領では，「保護者の生活形態が異なることを踏まえ，全ての保護者の相互理解を深まるように配慮すること。その際，保護者同士が子育てに対する新たな考えに出会い気付き合えるよう工夫すること。」（第4章第2幼保連携型認定こども園の園児の保護者に対する子育ての支援3）と明記している。保護者の投げやりな言葉や拒否的な態度を鵜呑みにせず，保護者の心情をくみ取りながら子育てに悩み，迷う姿をありのままに受け止め，意欲につなげる保育者の姿勢が求められる。

■信頼関係を基本とする保護者の自己決定の尊重

　保護者が当事者性を持って子育てをしていくことは，支援する保育者の重要な目的のひとつである。そのために保育者は，子育ての主体者である保護者自らが選択，決定していくことを尊重し，手助けすることが大切である。その際，保育者には受容する姿勢が求められる。保育所保育指針の解説書には「受容」の基本的姿勢として，不適切と思われる行動等を無条件に肯定する許容ではなく，そのような行動も保護者を理解する手がかりとする姿勢を保つことであると示されている。つまり保育者は，保護者による意思判断を尊重しつつ否定的な態度を避け，客観的な視点でありのままの姿を支えることが必要であるといえる。たとえ保護者の判断が保育者の価値観と違っていても，「あの人が決めたことだから」と自己責任に帰結したり，「勝手にどうぞ」と受け流したりすることがあるようでは，主体的に子育てに取り組もうとしている保護者の気持ちの行き場がなくなってしまう。判断にいたるプロセスのなかで，保護者の揺れ

動く心情に寄り添い，迷い悩む気持ちを受け止めながら，一緒に子育てをつくり上げていく姿勢が求められているのである。また保護者の自己決定を尊重するためには，お互いの信頼関係が基本になる。保育者は，保護者の育児能力を問う前にまず信頼し，ともに育児能力を育て高めて，課題や問題解決に向けて取り組むという姿勢を示すことが大切である。

■地域の関係機関や団体との連携

　保育者の役割のひとつとして，子育てをしている地域の家庭に対して支援する役割が求められている。子ども1人ひとりの望ましい成長発達を願う保育者にとって，家庭や保護者への支援はその延長線上にあり，重要な役割のひとつになっている。しかし，様々な家族形態や考え方，生活文化などに対して，保育者だけでその役割を担うことはとうてい無理である。もちろん保育者自身が重要な役割の一端を担うことになるが，保護者の経済的理由や養育上の問題，精神的ケアを必要とする場合など問題が多様化するなかで，子どもと家族を取巻く地域資源による見守りは複数あることが望ましい。保育者は，問題を抱えている子どもや保護者に対して，どのようなかかわりを持つことが必要かを考えると同時に，保育者としての限界を知ることも必要になるだろう。保育者が当事者性を持ちながら，他にどのような人的資源が必要かを考え，専門的な支援や指導ができる関係機関との連携を図っていく必要がある。それを可能にするためには，保育者が地域の関係機関の存在を認識し，どのようなケースに対して有効かを理解し，日ごろから関係づくりを進めておくことが欠かせない。それは結果的に，日常的な保育相談の質の向上につながり，総合的な保育技術のレベルアップになる。

　保育所保育指針では，保育所を利用している保護者に対する子育て支援として，（1）保護者との相互理解，（2）保護者の状況に配慮した個別の支援，（3）不適切な養育等が疑われる家庭への支援

10章　家庭や地域社会との連携

が明記されている。新幼保連携型認定こども園教育・保育要領では，子育て支援全般にかかわる事項として，「保護者に対する子育ての支援を行う際には，各地域や家庭の実態等を踏まえるとともに，保護者の気持ちを受け止め，相互の信頼関係を基本に，保護者の自己決定を尊重すること。」等が明記されている。保育士および保育教諭の専門性として，保育者は，子どもに対する保育技術だけでなく，保護者に対して相談・助言をおこなうとともに，子どもと保護者のかかわりを見守りながら，関係構築のためのスキルを身につけることが必要とされている。

■母親の育児不安と虐待的な環境にある家庭へのかかわり

　一般的に育児不安とは，親が子どもの成長や発達過程に何らかの心配や悩みを抱えている状態のことを指している。「育児不安」という言葉は，牧野カツコが日本で最初に定義し，「育児行為のなかで一時的あるいは瞬間的に生ずる疑問や心配ではなく，持続し，蓄積された不安の状態で，さらに子の現状や将来あるいは育児のやり方や結果に対する漠然とした恐れを含む情緒の状態を呼ぶ」◁2と定義している。主に育児不安を抱えているのは，子どもと一緒にすごす時間が長い母親であり，父親の育児参加によってストレスに違いがみられる傾向があることも調査結果◁3として知られている。核家族が主流の現代の家族形態のなかでは，地域に血縁関係がなく，知人も少ないなかで，誰にも頼らず母親と父親だけで育児に取り組まなければならない状況にある。しかし父親と母親の間で，親としての役割に対して感じるストレスの違いが指摘◁4されている。仕事をするために家の外に出る父親と異なり，母親の育児不安は，子育ての負担と自信のなさに加えて，家のなかで子どもと2人きりの状況が継続されるため，社会の流れから離れて育児だけをしている自分への不安やあせりも含まれている。

　児童虐待の防止等に関する法律（2000）では，児童虐待とは，保

◁2　牧野カツコ「乳幼児をもつ母親の生活と不安」『家庭教育研究所紀要』3, 1983, pp.34-56。

◁3　ベネッセ教育研究開発センターホームページ参照。

◁4　数井みゆき「親役割ストレス・夫婦関係・親子関係の父母比較——家族システム的視点に立って」『家族教育研究所紀要』17, 1995, p.77。

護者（親権者，後見人，その他の監視者）が，18歳に満たない者に対して身体および心的に傷つけることを指す。この法律には，児童虐待の定義として，表10-2をあげている。

表10-2 児童虐待の防止等に関する法律による子ども虐待の定義

身体的虐待	児童の身体に外傷が生じるか，または生じるおそれのある暴行を加えること。
性的虐待	児童にわいせつな行為をすること，または児童をしてわいせつな行為をさせること。
ネグレクト（放置）	児童の心身の正常な発達を妨げるような著しい減食，または長時間の放置，保護者以外の同居人による身体的虐待，性的虐待および心理的虐待と同様の行為の放置，その他の保護者としての監視を著しく怠ること。
心理的虐待	児童に対する著しい暴言または著しく拒絶的な対応，児童が同居する家庭における配偶者に対する暴力。その他の児童に著しい心理的外傷を与える言動を行うこと。

　子育てにおけるしつけと，虐待を明確に分けることは難しい。しかし虐待の定義の曖昧さに消極的であっては，虐待を受けている子どもの発見や保護者の虐待傾向を見過ごす危険がある。保育者は，子どもの生命の保持と発達の保障を守る存在として，子どもと保護者の関係に気を配りながら，不適切なかかわりが疑われる場合において敏感で迅速な対応が絶対に必要である。実際に子どもが受ける虐待項目は重複していることが多く，加害者は母親が約6割 ◘5 を占めている。また，虐待に関する対応件数は年々増加傾向にあり，その原因として，地域の子育て機能の低下や家族の孤立化などがあげられている。2004年度に改正された児童虐待防止法によって通告対象が「虐待が疑われる子ども」に拡大されたことも発生件数の増加につながっているとされている。

　虐待的な環境におかれている子どもを守るために，保育者は子どものサインを読み取り，迅速に対応することが求められている。そのため保育者の業務の一つとして，虐待予防と早期発見を目的とした通告義務が課せられており，保育所に通所する子どもをはじめ，

◘5　厚生労働省「平成21年度社会福祉行政業務報告」。

10章　家庭や地域社会との連携

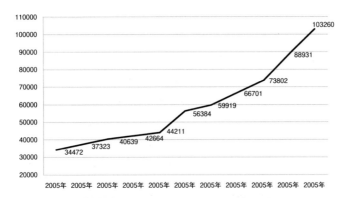

※厚生労働省平成28年度
厚生労働白書

図 10-1 児童虐待相談の対応件数の推移

地域に暮らす家族に目を向け，関心を持つことが大切である。他方，虐待問題を保護者の養育責任や子育ての未熟さが原因であるとして保護者だけに課すことは簡単であるが，問題の根本的な解決につながらないことが多い。なぜなら，虐待の原因は養育能力の低さだけでなく，子どもの障がいや疾患，一時的な発達の遅れ，または親自身の生育歴など，様々な要因によって引き起こされるからである。したがって保育者は，ひとつひとつのケースについて，虐待の傾向となる原因を見つけ，保護者と一緒に問題解決にあたることが必要であるといえる。さらに虐待の防止や早期発見のために，日頃から地域の支援者のネットワークを構築して，家族や子どもを複数の視点でとらえ，継続的に支える仕組みを作ることが求められている。また緊急を要するケースの場合は，保育者の能力を超えることも予想される。その場合，専門性を持った人的資源を活用して，立場と役割を明確にした支援方法を知っておくことが問題の解決には不可欠である。

2 親と子の絆を強める保育者の役割

家庭における養育環境は，家族形態や働き方の多様化によって大

きく変化している。また最近の傾向では，乳幼児期から親が過干渉になったり，育児に対する意欲が失われて放任したりするなど，親子の適切な距離がとれずに虐待にいたるケースも多く見られる。小学校就学以降，そのような傾向が教育場面において表出するようになり，幼稚園と保育所，小学校の連携がより一層必要であるという社会的な認識が強まっている。親子や家族関係が維持され，絆を強めていくために，保育者が子どもの家庭生活全体を視野に入れながら，ともに歩んでいく役割が求められているのである。

■全国保育士会倫理綱領における保育者の役割

全国保育士会倫理綱領には，前文と共に8カ条によって構成されている。前文では，

　○ 私たちは，子どもの育ちを支えます。

　○ 私たちは，保護者の子育てを支えます。

　○ 私たちは，子どもと子育てにやさしい社会をつくります。

と記されている。そのなかで，「保護者の子育てを支える」保育者には，子どものパーソナリティを構築する役割を担っている保護者と同様に，子どもとの関係をより良いものにするための視点が必要である。さらに8カ条には，

　① 子どもの最善の利益の尊重

　② 子どもの発達保障

　③ 保護者との協力

　④ プライバシーの保護

　⑤ チームワークと自己評価

　⑥ 利用者の代弁

　⑦ 地域の子育て支援

　⑧ 専門職としての責務

が記されている。

10章 家庭や地域社会との連携

■幼稚園教育要領における保育者の役割

幼稚園において，保護者の幼児期の教育に関する理解が深まるように配慮することを目的として，「家庭との緊密な連携の下，小学校以降の教育や生涯にわたる学習とのつながりを見通しながら，幼児の自発的な活動としての遊びを通して」幼児期の教育を行うことが新しい幼稚園教育要領（前文）に明記されている。これは，学校教育法においても「幼児期の教育に関する各般の問題につき，保護者及び地域住民その他の関係者からの相談に応じ，必要な情報の提供及び助言を行うなど，家庭及び地域における幼児期の教育の支援に努めるものとする。」（第24条）と記されていて，幼稚園教育の場においても子育ての支援を行う必要性が明確にされている。具体的には，主に保育時間以降の預かり保育の実施などである。預かり保育は，親の就労や子どもが保育に欠ける状態にあるか否かは問わない教育活動であるという見解のもと，幼稚園教育要領には，より具体的な留意事項が示されている。現在，幼稚園における預かり保育は，通常の教育時間が終わった後に，保護者の希望があった園児を対象に，時間を延長して預かるというもので，保育内容や形態は様々である（表10-3）。

幼稚園教育要領や幼保連携型認定こども園では，保育所などで使われている「子育て支援」ではなく，「子育ての支援」という言葉

表10-3 預かり保育の実施園数

区分	2006年	2007年	2008年	2010年	2012年	2014年
公立	2415（44.6）	2502（46.5）	2493（47.0）	2681（52.5）	2769（59.7）	2724（60.9）
私立	7248（87.6）	7307（88.1）	7353（88.8）	7377（89.6）	7454（94.2）	7369（95.0）
合計	9663（70.6）	9809（71.7）	9846（72.5）	10058（75.4）	10223（81.4）	10093（82.5）

※文部科学省幼児教育課調べ（2015年10月現在）※（　）内は年度区分全体の割合

幼稚園教育要領における預かり保育の留意事項

(1) 教育課程に基づく活動を考慮し，幼児期にふさわしい無理のないものとなるようにすること。その際，教育課程に基づく活動を担当する教師と緊密な連携を図るようにすること。

(2) 家庭や地域での幼児の生活も考慮し，教育課程にかかる教育時間の終了後等に行う教育活動の計画を作成するようにすること。その際，地域の人々と連携するなど，地域の様々な資源を活用しつつ，多様な体験ができるようにすること。

(3) 家庭との緊密な連携を図るようにすること。その際，情報交換の機会を設けたりするなど，保護者が，幼稚園と共に幼児を育てるという意識が高まるようにすること。

(4) 地域の実態や保護者の事情とともに幼児の生活のリズムを踏まえつつ，たとえば実施日数や時間などについて，弾力的な運用に配慮すること。

(5) 適切な責任体制と指導体制を整備した上で行うようにすること。

※文部科学省「幼稚園教育要領第3章　教育課程に係る教育時間の終了後等に行う教育活動などの留意事項1」

が使われている。これは，幼稚園や幼保連携型認定こども園と保育所の役割の認識の相違からきている。幼稚園，幼保連携型認定こども園における「子育ての支援」は，子育てに不安を抱えている保護者に対して，直接その不安を取り除くことが目的ではなく，教師および保育教諭が相談や助言を行いながら保護者の子育ての気づきや意欲を支援していくということに視点を置いている。とはいえ，支援は限定的なものではなく，子どもへの不適切な養育などが見られる場合や，そこまで事態が深刻でなくても何らかの関係修復が必要な場合において幼稚園が迅速に気づき，対応することが求められていることに変わりはない。

　幼稚園や幼保連携型認定こども園における子育ての支援は，親子関係だけではなく，親同士の関係づくりや幼児期の子どもの身体的，精神的な発達への理解を深めることも目的のひとつである。さらに，他の子どもへの関心に目を向けて，同じ地域で互いに子育てをする

10章　家庭や地域社会との連携

者同士の結びつきを持ってもらうことでもある。卒業した後も，小学校・中学校と子どもたちはともに学び，生活していくことになる。長期的に地域で生活する子どもや家族にとって，互いの結びつきを持つことは必要であり，地域で子どもを育てようとするネットワークを住民相互が作っていくために，幼稚園や幼保連携型認定こども園は子どもの将来を見据えながら，教育者の視点で支援を発展させていくことが重要である。

3　子育て家庭のおかれている現状と把握

　現代における一般的な社会的傾向として，人間関係の絆が失われつつあることと，人々のつながりよりも個人の意思や欲求が優先されることによる孤立・多様化の傾向に向かっている。それは家族形態や考え方においても同様である。例えば，核家族の増加に加えて，ひとり親家庭の増加，婚姻制度という従来の枠にとらわれない家族の考え方など，家族構成の多様化は今後も個人の考え方によるものとなる。また，仕事の時間帯や勤務時間など就労状況の違い，正規雇用のほかパートタイムやアルバイト，派遣といった就労形態の分担化，あるいは生活に対する考え方においても各々の欲求が優先されている。そのような家庭環境や就労環境の変化は，保育ニーズの違いにもあらわれている。家族のあり方も血縁関係だけでなく，養育者として構成されている場合もある。家族のイメージを固定化することができなくなっているのが現状である。保育者は，家族の多様な価値観が子どもの家庭環境におおきな影響を与えていることを踏まえて，家族のカタチを理解し子どもの最善の利益を考慮しながら，必要に応じた支援をおこなうことが必要である。

　保育所の役割には，保育所に入所している子どもの保護者に対する支援と，保育所を利用していない子育て家庭も含めた地域における子育て支援がある。保育者の専門性と職務において，どちらの支

135

援でも子どもを中心とした視点を持って家族にかかわることが重要である。子育てをしている家庭がおかれている状況と，それぞれの家族に対して保育所および保育者がおこなう支援についてみてみよう。

■保育所に入所している子どもの
保護者に対する保育者のあり方

　保育所に子どもを預けている保護者の多くが，就労しているか何らかの理由で子どもを預けている。仕事と子育ての両立は時間的精神的な余裕がなくなり，必然的に子どもとかかわる時間も少なくなると考えられる。保育所は保護者が安心して子どもを預けられる保育環境を整えることはもちろん，1日の子どもの様子や出来事などを保護者に伝えたり，必要に応じて相談や助言をしたりすることによって，日々の成長を実感できるように配慮することが大切である。なぜなら，子どもの育ちを誰よりも願っているのは保護者であり，保育者が感じたり発見したりしたことを保護者と共有すること

表10-4　特別保育の実施状況（2008）

延長保育		休日保育		夜間保育		病後児保育	
神奈川県	87.6%	青森県	16.5%	京都府	1.4%	秋田県	12.0%
佐賀県	85.3%	富山県	11.8%	島根県	1.1%	石川県	11.1%
熊本県	84.4%	茨城県	10.4%	大阪府	1.0%	大阪府	11.0%
石川県	83.9%	島根県	9.5%	神奈川県	1.0%	富山県	10.9%
大阪府	83.4%	宮崎県	9.5%	石川県	0.8%	茨城県	10.2%
全国	67.7%	全国	4.0%	全国	0.3%	全国	5.1%
愛知県	46.6%	山梨県	1.3%			三重県	2.1%
北海道	46.2%	広島県	1.1%			新潟県	1.9%
愛媛県	39.3%	鹿児島県	1.1%			青森県	1.5%
三重県	38.3%	岐阜県	0.7%			北海道	1.2%
高知県	27.5%	高知県	0.4%	19県で未実施		宮城県	1.2%

注：割合は各都道府県の施設総数における実施施設数。病児・病後児保育事業は派遣型を除く。

10章　家庭や地域社会との連携

が，親としての喜びや充実につながるからである。また，先に述べた保護者の就労形態や就労状況によって，延長保育➡6や休日保育➡7，病児・病後児に対する保育➡8など，様々な保育サービスが充実してきている（表10-4）。

　今後，ワーク・ライフ・バランスの社会的認知が広がっていくことで，共働き家庭が安心して働くことのできる環境づくりがさらに充実していくとともに，保育者は仕事を持つ保護者に対して，子育てと仕事の充実を感じられるように，心のフォローアップを図っていくことが重要となる。

　保護者懇談会や保育参観，あるいは運動会や親子遠足など，保育所の活動や行事などには保護者同士がかかわったり交流したりする機会が多い。そのような機会をとらえて，保護者に対して保育の意図や子どもの様子，発達の理解を深めるきっかけにしている。保育者は，そのような保護者同士の交流の場が継続的につくられ，関係性が発展するように配慮するなど，保護者支援の視点で内容や具体的な方法を工夫することが大切である。保育所によっては，保護者が自主的に保護者会をつくって活動している。会の主旨や目的を保育所と保護者が互いに理解し，自主的な活動においても保護者同士が自然に交流することを保育所が適切にかかわりながら，子育てを支え合うかたちを作っていくことが望まれる。

　保育所に子どもを預ける保護者は，子どもとかかわる時間が少なかったり気持ちの余裕がなくなったりすることから，子どもの成長過程による言動の変化をうまく汲みとることができず，互いの意思疎通がうまく図れないことがある。これらは子どもとのかかわりが少ないこともあるが，一般的な子どもの成長を身近に見た経験がないことも原因と考えられる。ＳＮＳ（ソーシャル・ネットワーク・サービス）やテレビの育児番組だけでなく，なまの子どもの成長を実感し合うことができる保護者同士のつながりをコーディネートすることも保育者の役割といえる。

➡6　保育所に規定されている11時間の開所時間の前後30分から1時間を行う。それを基本として，2時間から6時間までの延長時間を5段階に設定して実施する長時間延長保育促進基盤整備事業がある。

➡7　日曜や祝日などに仕事がある家庭を対象にして行われる事業。市町村や委託された保育所経営者によって，年間を通じて開所することを原則として実施され，開所時間は家庭の状況などを考慮して市町村長が定める。

➡8　病気の子どもの一時預かりや，保育中に体調不良となった児童への緊急対応を行うことにより，保護者の子育てと就労の両立を支援することを目的に2007年度から実施される。回復期にある場合に対応する病後児対応型が多い。

137

■保育所を利用していない子育て家庭も含めた
　地域における子育て支援

　保育所は，地域における子育て支援の拠点としての役割を担っていて，地域の保護者に対して，保育所保育の専門性を活かした支援を積極的に行うよう努めることが明記されている。また，地域の子どもに対する一時預かり事業などの活動を行う際には，1人ひとりの心身の状態を考慮し，日常の保育との関連に配慮するなど，柔軟に活動を展開できるようにするとされている。（保育所保育指針 第4章 子育て支援 3 地域の保護者等に対する子育て支援（1）ア及びイ）

　保育所がこれらの支援をどのように活用していくかは，それぞれの地域の実情，たとえば子どもと保護者の状態，地域の関係機関やネットワークの構築，専門機関の状況などによって異なる。また保育所側にも支援をおこなえる体制が整えられているかによっても変わってくる。保育所の役割として，それらを含めた地域の状況に応じた子育て支援機能の充実が求められている。

　現在，「地域子育て支援拠点事業」■9 が保育所や幼保連携型認定こども園をはじめ，公共施設や児童館など，地域の身近な場所で行われている。ここでは保育所保育指針に記されている保育に欠ける子どもを対象とする役割機能とは別に，子どもを主な対象とした子育て支援の従来の視点から，地域の子育て家庭，とりわけ子どもを育てている保護者を対象とした独自の領域として認識され，進められているといえるだろう。

■9　地域の子育て中の親子の交流促進や，育児相談等を実施し，子育ての孤立感，負担感の解消を図り，全ての子育て家庭を地域で支える取組み。

参考文献

数井みゆき「親役割ストレス・夫婦関係・親子関係の父母比較　家族システム的視点に立って」家族教育研究所紀要 17，1995，p.77

厚生労働省「平成 21 年度社会福祉行政業務報告」

牧野カツコ「乳幼児をもつ母親の生活と不安」家庭教育研究所紀要 3，1983，pp.34-56

11章 保育者間，専門機関との連携・協働

1 保育者間の連携

　子どもの生活環境や子育て環境の変化に伴い，保育をとりまく状況は大きく変化している。子ども，保護者，家庭のニーズも多様化し，保育者に期待される役割はさらに拡張している。しかしこれらの責務は，決して1人の保育者で担うのでなく，保護者はもちろん，同僚の保育者や経験豊かな先輩保育者，他の職務に従事する職員とも協力しながら保育にあたる。さらに必要に応じて地域の施設や他の専門機関とも連携をとりながら進める姿勢が必要である。本章では，「保育者間の連携」および，「専門機関との連携」について考えてみよう。

■園全体の協力体制

　子どもの活動範囲，興味の対象は広く，クラス内だけでなく，園内の様々な場所に及ぶ。保育者は常に個々の子どもや集団に目を配る必要がある。しかし，個別の対応をしているときには，他の子どもの活動を十分に把握できず，適切な援助ができないことも起こるだろう。子どもの主体的な活動を尊重するならば，園全体の保育者同士の協力体制が不可欠となる。たとえどんなに経験豊かな保育者であっても，1人で見守ること，把握できることには限界がある。まずはその限界を自覚して，すべてを1人で抱え込むのではなく，身近な保育者と互いに補い合い，支え合う関係を築くことが大切になる。こうした保育のあり方は，近年「ティーム保育」➡1 として

◀1　2学級以上のクラスを数名の保育者で担当したり，学級単位の活動だけでなく，学級の枠を超えたグループ編成で複数の保育者が保育を行うなど，複数の保育者が共同で子ども集団にかかわる保育の実践をさす。

139

実践されている。園全体での連携や協力体制が整えられれば，保育者自身にも子どもを見る目に余裕が生まれる。結果的に子ども達の活動の場と経験の幅を広げていくことにもつながるだろう。

　こうした全体で取り組む保育実践のためには，保育者間の情報の共有が欠かせない。めまぐるしく時間が過ぎる園生活では，1人の保育者がすべての子どもに目を配りながら，ある特定の子どもの動きを把握することは難しい。そのとき何が起こっていたのか，どのような流れだったのか，なぜそうなったのか。1人では見えなかった部分も他の保育者からの情報をもとに見えてくることもあるだろう。園では，様々な年代，様々な経験年数の保育者がともに働いている。当然，1人ひとりの個性や得意分野も異なる。保育者1人ひとりが，保育所・幼稚園・認定こども園という組織の一員であるという自覚を持ち，各々の違いを尊重しつつ，個性を活かし合えるような関係を保つことで，各保育者の力も引き立つ。また，園内には熟練した先輩保育者，主任，園長の他，調理員，用務員，園バスの運転手など，様々な役割の職員がおり，常勤の他，非常勤やパートタイマーなど多様な勤務体制で子どもとかかわっている。保育所には他にも看護師，栄養士，嘱託医など，専門性を有した職員も勤務している。さらに範囲を広げるならば，実習生やボランティアも含まれるだろう。それぞれ立場や役割は異なるが，ともに子どもの生活を支える大切な保育の仲間であり，情報を共有しながら協力体制を整えておく必要がある。いずれの場合も，普段からコミュニケーションをとり，信頼関係を築いておくことが重要である。

　また，子どもの生活は，家庭を中心として，幼稚園や保育所での生活，そして地域社会のなかで循環的に営まれている。決してそれぞれの場で分断されているのではなく，すべてがつながりを持っているのである。保育者は，登園時の子どもの様子や，園内での過ごし方を見て，例えば前日の家庭での様子が気になることもあるだろう。また新しく始めた習い事の様子をうかがい知ることもあるだろ

140

11章　保育者間，専門機関との連携・協働

う。より良い保育のためにも，また子どものなかで自然と生活が統合されるようにするためにも，保護者との連携はもちろん，近隣の公園，児童館，公共施設，商店街など，子どもが日常的にかかわる場所や人々とも協力していくことも必要となるだろう。保育者同士，またともに保育にたずさわる職員との連携・協働，家庭との連携，さらに地域や関連施設との連携は，子どもの育ちを支える上で不可欠なものである。

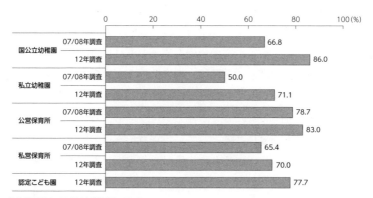

図11-1　特別支援を要する子どもの比率（園の区分別・経年比較）⬛2

　近年，特別なニーズのある子どもに対しての援助もこれまで以上に保育者に求められるようになっている。実際に，保育所・幼稚園・認定こども園では，ますます特別な支援を必要とする子どもたちの保育および教育に対する需要が高まっている（図11-1）。保育所・幼稚園・認定こども園では，必要に応じて，例えば児童相談所や保健所との連携など，より専門的な支援が必要な場合も出てくるだろう。

⬛2　ベネッセ次世代育成研究所「第2回　幼児教育・保育についての基本調査報告書」2012。

141

2 専門機関との連携

■子どもの最善の利益を求めて

　子どもに関連する専門機関の中心的役割を担うのが保育所・幼稚園・認定こども園である。そこには様々な背景を抱えた子どもが通っている。例えば，集団生活に馴染めない子ども，落ち着きがない子どももいれば，養護施設に入所している子ども，障がいのある子どももいる。障がいのある子どもは保育所や幼稚園とあわせて，医療機関や機能訓練関係，療育関係など複数の専門機関に通っている場合も多い。また，家庭環境が複雑だったり，保護者自身が精神疾患を抱えていたりなど難しいケースもある。各家庭にはそれぞれの事情があり，必要としている保育や支援の中身も異なる。ニーズによっては，それぞれの市町村の保健センターや保健所，医療機関，療育機関等との連絡調整や協力体制の確立も欠かせない。また，保育現場において，不適切な養育や虐待等の疑いのある子どもや気になる子どもを発見したときは，速やかに市町村の関係部門（保健センター・児童福祉部門）へ連絡し，さらにケースに応じて児童相談所に連絡する必要も出てくるだろう。保育者が専門とする範疇を超えた問題や特別なニーズに対しては，適切な支援が必要となるが，その際，保育所や幼稚園は，専門機関・社会資源・専門家との連携のつなぎ役として中心的役割を果たすことが期待されている➡3。それぞれのニーズに応じて，つなぐべき専門機関も異なる。少なくとも保育者は，各地域に連携できる教育機関，福祉機関，医療機関等，どこにどのような専門機関があるかを知っておくべきである。

　子どもの発達に関する専門知識と技術を持ち，日々子どもと接するなかで，子どもの生活や発達を把握している保育所・幼稚園・認定こども園は，子どもの発達の遅れや課題に早期に気づくことができる

➡3　2017年に改訂（改定）された「幼稚園教育要領」「保育所保育指針」「幼保連携型認定こども園教育・保育要領」のいずれにおいても，家庭との連携以外に医療・福祉などの業務を行う関係機関や市町村との連携・協力を行い，適切な対応を行うべきことが述べられている。

11章　保育者間，専門機関との連携・協働

環境にある。まずは，保護者とともに子どもの実際について共通理解を深めることが必要になるだろう。その上で，専門機関との連携を行う。その際，もっとも重要なのは，常に「子どもの最善の利益」を念頭に置くことである。すなわち，保育者は社会や保護者の要求に応えるだけでなく，まず何より子どもの立場にたち，子どもにとっての最善の利益を考え，問いかけていく姿勢を忘れてはならない。

■専門機関の種類

では続いて，具体的に連携しうる専門機関にはどのような種類があり，それぞれどういった特徴を持つのか，その詳細について見ていこう。まず子どもにかかわる様々な児童福祉施設の対象➡4 としては，①養護の環境に問題のある児童，②心身に障がいのある児童，③情緒や行動に問題のある児童，④一般の児童，とに大きく分けられる。また，施設の形態としては，①児童が家庭から離れて施設内で生活する居住型施設，②児童が保護者のもとから通う通所型施設とに分けられる。その利用手続きは，児童や保護者の自由な意識による利用と，行政機関の入所措置決定を必要とする場合とがある。下記に，(1)乳児院・児童養護施設，続いて(2)障がい児にかかわる児童福祉施設，最後に(3)その他の専門機関についてそれぞれの特徴を短くまとめる。

(1) 乳児院・児童養護施設

乳児院は，様々な理由により家庭での養育が困難な乳児を昼夜にわたって必要な期間，家庭に代わって養育することを目的とした施設である。児童養護施設もまた，様々な理由により家庭での養育が困難な子どもをその家庭に代わって養育するとともに，子どもの自立の支援を目的とした施設である。乳児院が主に1歳未満の乳児を養育するのに対して，児童養護施設の入所対象年齢は原則として1歳以上18歳未満で，場合によっては20歳まで延長することもある。

➡4　児童福祉施設の種類は，児童福祉法の第7条に列記され，第36条から第44条までに施設概要が述べられている。その他，助産施設，母子生活支援施設，児童厚生施設，児童自立支援施設，児童家庭支援センターなどもある。

143

(2) 障がい児にかかわる児童福祉施設

児童福祉法（2010）および児童福祉施設最低基準（2011）にもとづく障害児施設には，以下のようなものがある。

① 知的障害児施設・知的障害児通園施設：知的障害児施設は寝起きをともにする生活型の施設で，原則18歳までの知的障がいのある子どもに，将来自立して生活できるように，生活指導や職能訓練を行う施設である。知的障害児通園施設は自宅から通園する施設をいう。

② 盲ろうあ児施設，難聴幼児通園施設：盲ろうあ児施設は目がまったく見えない，もしくは強度の弱視の子ども，耳がまったく聞こえない，もしくは強度の難聴の子どもが暮らす生活型の施設を指す。難聴幼児通園施設は，難聴の子どもが自宅から通園する施設で，これらの子どもに生活していく上で必要な知識を教えたり，職能訓練を行ったりする。

③ 肢体不自由児施設，肢体不自由児通園施設，肢体不自由児療護施設：上肢・下肢・体幹の機能に障がいのある子どもに，将来独立自活していくための生活指導，機能訓練，職能訓練などを行う施設。原則として18歳までが対象だが，必要と認められれば，その後も引き続き在所できる。

④ 重症心身障害児施設：重度の知的障がいと重度の身体の障がいをあわせもつ，児童福祉施設のなかでもっとも障がいの重い子どものための施設で，治療や日常生活の指導を行い，病院設備も整備されている。

⑤ 情緒障害児短期治療施設：軽度の情緒障がいを持つ子どもの情緒障がいを治すことを目的とする施設で，短期入所または保護者のもとから通い，心理療法を施したり，生活指導を行ったりする。

11章　保育者間，専門機関との連携・協働

(3) その他の専門機関

① 児童相談所：0歳から18歳未満の児童を対象として，虐待，養育等についての養護相談，育成相談の他，保健相談・発達障がいなどの心身障がい相談を主に行う。名称は地域によって「子ども家庭センター」「児童相談センター」などと異なる。必要に応じて，発達検査などを行う場合もあり，医師や児童福祉司，保健師，児童心理司，言語聴覚士などによる支援や療育の助言を行う。家庭で養育できない子どもの，児童福祉施設（乳児院，児童養護施設，情緒障害児短期治療施設，児童自立支援施設，知的障害児施設，肢体不自由児施設など）への入所措置を決定する機関でもある。

② 発達障害者支援センター：保健・教育・労働などの関係機関と協力しながら，発達障がい児（者）への支援を総合的に行うことを目的とした専門的機関。発達障害者支援センターの行う支援には，主に相談支援・発達支援・就労支援・普及啓発支援・研修支援などがある。

③ 保健所・市町村保健センター：保健所は都道府県が設置し，地域の保健・衛生の広域的・専門的・技術的拠点である。市町村保健センター等は地域住民に身近な立場で，住民に対する健康相談や保健指導，健康診査などの多様なニーズに対応した保健サービスを総合的に提供している。近年では市町村保健センターや福祉事務所などと統合され「保健福祉事務所」「福祉保健所」「保健福祉センター」「健康福祉センター」といった名称となっているところもある。

④ 療育センター：心身の発達に遅れや障がいの心配のある子どもを対象に，早期発見と早期療育，巡回訪問などを行う，子どもとその家族を支援するための専門機関。一般的に，診療所（外来）・通園施設（通園）・福祉相談室（巡回・相談）の三つの療育部門で構成される。

■子どもの虐待への対応

　保育者は，子どもの発達に関する専門知識を持ち，日々子どもと接するなかで，子どもの生活や発達を把握している。発達の遅れや課題，そして個別の問題に早期に気づきやすい立場にある。保育現場において，不適切な養育や虐待等の疑いのある子どもや気になる子どもを発見した場合，まずは同僚や主任，所長（園長）に相談し，複数の目で確認する。そして速やかに市町村の関係部門（保健センター・児童福祉部門）へ連絡し，さらに必要に応じて児童相談所に連絡し，早期に子どもの保護や保護者への対応に当たることが必要となる（図11-2）。

5　厚生労働省『平成29年厚生労働白書』p.189。

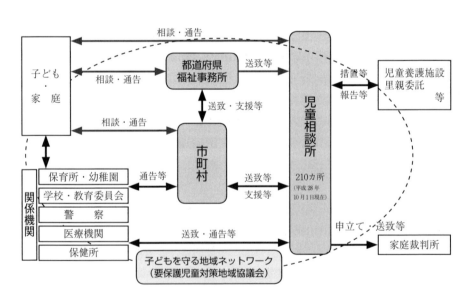

図11-2　地域における児童虐待防止のシステム　5

11章　保育者間，専門機関との連携・協働

■その他の連携——幼稚園・保育所・認定こども園・小学校の連携

　2017年改訂（改定）の，幼稚園教育要領，保育所保育指針，幼保連携型認定こども園教育・保育要領および小学校学習指導要領では，幼稚園・保育所・認定こども園と小学校が互いに，子ども同士の交流の機会や，職員の意見交換・合同研究の機会を設けるなど積極的な連携を図るようにすることが明記されている。その背景には，幼稚園・保育所・認定こども園での生活から学校生活へとスムーズに移行できず，心身に変調をきたす児童が出たり学級が荒れたりする，いわゆる「小1プロブレム」の課題などがある。幼稚園・保育所・認定こども園での育ちを小学校以降の学びへとつなげる接続を滑らかにするために，保育者は必要に応じて，保護者の了解のもと，就学前の子どもの健康状態，発育・発達状態，既往症や事故の状態等の情報を小学校側に提供することもある。その他，運動会や音楽会などの行事を地域の保育所，幼稚園，認定こども園が合同で行ったり，小学生まで含めた交流の機会を持ったりといった試みはすでに実践されている。しかしながら，保育所および幼稚園，認定こども園と小学校とが十分な連携をとり，お互いに理解を深め協働していく体制をつくっていくことは，まだこれからの課題であるといわざるをえない。子どもの長期的な発達と学びの連続性という観点から，見通しを持った幼保小の連携がこれまで以上に強く求められている。

■専門機関との連携に際し，保育者に求められること

　幼稚園や保育所，認定こども園には特別な支援を必要とする子どもたちが多く通っているが，その内容は多岐にわたる。各々のニーズに合わせ，子どもたちの安全で安心な生活が保障されるよう，保育者は他の専門機関と連携をとりながら保育および幼児教育を進めていくことが必要である。しかし，実際は例えば，保育の現場での，長時間保育や複雑なローテーション勤務体制，様々な専門性と職種

147

の異なる職員という状況下において，保育にかかわるすべての人が
どのように協力体制をつくっていくかということが大きな課題とな
る。では，具体的にどのように連携していけばよいのか，また，保
育者間の連携および専門機関との連携に際し，何が保育者に求めら
れるのだろうか。

　第1に求められるのは，目的意識の共有であろう。何より，その
子どもにとって最適な環境を整えるために連携をとっていくという
意識が相互に必要である。まずは，子どもの置かれている状況，必
要としている環境についての相互理解が不可欠である。そして，何
より子どものための保育を行うという使命感を持ちながら，子ども
自身の最善の利益に結びつくようなあり方を，ともに考えていくの
である。

　第2に，情報の共有があげられる。子どもの発達や保護者・家庭
の状況が気になる場合は，まずは客観的な事実を情報として記録し
ておく必要がある。それに加えて，子どもについての情報や気づい
た点について，それぞれの立場から語り合う時間と場が必要である。
それぞれの立場で記録したものを伝え合ったり，保護者とともに子
どもの様子を語り合ったりする機会を設けることが大切である。直
接言葉を交わす時間が十分とれない場合は，文書によるコミュニ
ケーションも有効だろう。

　第3に，互いを尊重し，補い合うという気持ちが大切である。保
育者間でも，得意分野や専門性が異なる場合が多いだろう。子ども
にとって最善の利益となるように，お互いの特性を生かし，足りな
い部分を補い合える関係を保つこと，悩みを分かち合い，支え合う
姿勢が大切である。さらに専門機関との連携も，一度つなげたらお
しまいではなく，互いの専門性を活かしながら補い合う関係を継続
していかなければならない。保育の専門知識・技術・経験を有する
保育者は，子どもにとっても保護者にとっても，もっとも身近な存
在である。保育者の立場だからこそ見える事実があるだろう。状況

148

11章　保育者間，専門機関との連携・協働

に応じて，時には専門機関と直接かかわったり，また時には専門機関同士をつなげたりといった連携の形が考えられるが，いずれの場合も継続的に連携をとることが求められる。

　以上のような連携に際し，外部の専門機関や専門家と子どもに関する情報をやりとりする必要が出てくるが，言うまでもなく，個人情報の取り扱いには十分留意しなければならない。事前に保護者の了承を得ることが必要である。また，そこで知り得た情報を不用意に漏らしたり，多くの人の目や耳に入ることがないように十分配慮したりしなければならない。これらのことは，保育者として当然のモラルであることを忘れないようにしたい。

3　互いに育ち合う関係を目指して

■保育を支える人間関係──違いを尊重し，協力し合う

　保育者間，専門機関との円滑な連携・協働には，「目的意識の共有」「情報の共有」「尊重し補い合う姿勢」が必要である。これらは，互いの信頼関係とコミュニケーションが下地にあってこそ円滑に機能する。そのために必要なのは，挨拶，報告，連絡，相談などの日常的な基本のやり取りである。挨拶には朝昼晩の挨拶の他にも，「ありがとうございます」「すみません」など，お礼や謝罪も含まれる。お互いが気持ちよく働ける環境作りのためには不可欠な要素である。このような日常的な基本のコミュニケーションがすべての土台となる。また，思ったこと，感じたことを率直に伝え合い，悩みや問題を抱えて困ったときにはすぐに話し合える人間関係をつくっておくことも大切である。そのためには，自身が周囲にオープンであること，周りの意見に対して耳を傾ける姿勢を持つことである。緊密な連携は，良好な人間関係があってこそ初めて成立するものである。

149

保育の現場では，様々な年代，経験年数の異なる保育者，様々な得意分野を持った保育者がともに働いている。もちろん個性も異なる。それぞれの違いを尊重しつつ，協力し合える関係づくりが求められる。さらに，ともに子どもの生活を支える組織の一員であるという意識も必要である。組織のなかでは，それぞれが異なる立場で，異なる役割を担っており，様々な関係性が存在する。1人ひとりの保育者が，その関係性のなかで子どもを育てているという意識を持たなければならない。自らの特性を十分にいかし，周りの保育者からも学ぶ姿勢を持ち続けることが必要である。何事も互いに信頼関係がベースにあってこそ，生き生きとした議論が生まれ，建設的な助言が引き出される。

■保育者の資質を磨く

　組織のなかで，個を活かし，適切な連携・協働を展開していくには，個々の保育者としての資質の向上が必要となる。より良い保育のためには，もちろん保育に関する専門的知識や，ピアノや手遊び，読み聞かせなどの技術の習得も必要である。しかしそれ以上に，1人ひとりの子ども，目の前の子どもを深く理解し，その時々に応じたかかわり方を探究していくという姿勢がもっとも大切である。そのためには，毎日の保育で起こったことを，プロセスを追いながらその意味をとらえ直していくこと，文脈のなかで意味づけていくことが必要となる。自らの実践を振り返ること，すなわち省察は，翌日の保育に役立つだけでなく，保育者自身の考えを整理し，課題を自覚化することにつながる。保育観の再確認やとらえ直しにもつながる。また他の保育者とその意味について考えたり，複数の視点で見直したり，共同での話し合い，省察も不可欠である。互いの保育観を語り合うことは，自らの保育観を改めて問い直す契機になり，見方を深め広げることにもつながる。このように，職員1人ひとりが主体的に学び合う者として存在することで，組織も活性化し，よ

11章　保育者間，専門機関との連携・協働

り質の高い保育が実現していくのである。

　保育者は，園内でともに保育にあたる保育者および職員間の連携はもちろん，家庭との連携，必要に応じて地域の医療，保健福祉関係機関，小学校などと連携・協働することで，1人ひとりの子どもにとってより良い保育環境を保障する。そのためのネットワーク作りや情報収集，情報の把握も積極的に行うことが望まれる。保育者の資質向上のために，例えば，園内・園外研修を体系的，計画的に実施していくことも必要である。そういった研修会は保育者としての知識やスキルを深める場であるとともに，人とのつながりを作る場であり，様々な専門機関の人と知り合う絶好のチャンスでもある。これが多彩なネットワーク作りの一歩となる。日頃から研修や日常的な出会いを通して，様々な領域の専門家と交流を深めていくこと，その姿勢を持ち続けることが必要であろう。連携・協働することの大切さ，チームワークの重要性を再認識し，実践に結びつけていきたい。保育者は，子どもにとってより良い保育を常に探究し，保育の経験を重ねながら，絶えず成長し続けて行く存在なのである。

参考文献

金子恵美『増補　保育所における家庭支援──新保育所保育指針の理論と実践』全国社会福祉協議会，2010

清水民子他編『保育実践と発達研究が出会うとき──まるごととらえる子どもと生活』かもがわ出版，2006

津守 真『保育者の地平──私的体験から普遍に向けて』ミネルヴァ書房，1997

ドナルド・ショーン著，佐藤 学・秋田喜代美訳『専門家の知恵──反省的実践家は行為しながら考える』ゆみる出版，2001

湯沢雍彦・宮本みち子『新版 データで読む家族問題』日本放送出版協会，2008

渡部信一・本郷一夫・無藤 隆編著『障害児保育』北大路書房，2009

12章 家庭的保育者との連携

　本章では，保育者や子どもの居宅で行われる家庭的保育を中心に，家庭的保育や居宅訪問型保育に従事する家庭的保育者についてみていく。幼稚園や保育所，認定こども園といった施設型の集団保育とは様々な点で異なることを理解してほしい。まず2015（平成27）年から施行された子ども・子育て支援新制度における位置づけを確認するところから始めたい。

1 子ども・子育て支援新制度

■「子ども・子育て支援新制度」とは

　2012（平成24）年8月に成立した「子ども・子育て支援法」「認定こども園法の一部改正」「子ども・子育て支援法及び認定こども園法の一部改正法の施行に伴う関係法律の整備等に関する法律」の子ども・子育て関連3法に基づく制度で，2015（平成27）年4月1日からスタートした。特徴としては，消費税の引き上げ分を財源とし，①保育所・幼稚園・認定こども園といった施設への給付および地方の小規模保育等への給付を創設，②幼保連携型認定こども園の改善等，③放課後児童クラブなどの「地域子ども・子育て支援事業」の充実等があげられる。これらは，大都市部においては待機児童解消に向けて，人口減少地域においては少子化に伴う保育機能の確保 ▷1 のためなど，地域の実情に合わせて柔軟な保育が行えるように国の支援体制を確立した。

▷1　認可保育所を設立するには定員を60人確保する必要があり，過疎地やへき地ではそれが難しい場合がある。よって，小規模保育であれば定員が6人から19人であるため，国からの補助金を受けながら地域の子どもたちに保育を行うことができる。

152

12章　家庭的保育者との連携

■子ども・子育て支援新制度における
家庭的保育事業と居宅訪問型保育の位置づけ

　家庭的保育事業と居宅訪問型保育は，子ども・子育て新制度において「地域型保育事業」に分類され，「地域型保育給付」の対象事業になっている。

　「地域型保育事業」は3歳未満児を対象とした小規模保育事業で，「小規模保育事業」「事業所内保育事業」「家庭的保育事業」「居宅訪問型保育事業」の4つに大きく分類できる。「小規模保育事業」は定員が6人以上19人以下で，保育所に近いA型，保育所と家庭的保育の中間にあるB型，家庭的保育に近いC型へさらに分かれる。「事業所内保育事業」は，主として従業員の子どものほか，地域において保育を必要とする子どもにも保育を提供する。「家庭的保育事業」は定員が1人から5人で，家庭的保育事業者として認可を受けた上で主に保育者の居宅その他の場所にて家庭的保育者が保育を行う。「居宅訪問型保育事業」は，保育を必要とする子どもの居宅にて保育を行う。

　認可基準は表12-1および表12-2を参照してほしい。

表 12-1　保育所および小規模保育事業の認可基準

		保育所	小規模保育事業		
			A型　保育所分園	B型　中間	C型　家庭的保育
職員	職員数	0歳児　3：1 1・2歳児　6：1	保育所の配置基準＋1名	保育所の配置基準＋1名	0〜2歳児　3：1 (補助者を置く場合は5：2)
	資格	保育士	保育士	1／2以上保育士	家庭的保育者
設備・面積	保育室等	0歳・1歳 乳児室　一人当たり1.65㎡ ほふく室　一人当たり3.3㎡ 2歳以上 保育室　一人当たり1.98㎡	0歳・1歳児 一人当たり3.3㎡ 2歳児 一人当たり1.98㎡	0歳・1歳児 一人当たり3.3㎡ 2歳児 一人当たり1.98㎡	0歳〜2歳児 いずれも一人3.3㎡
処遇等	給食	自園調理 調理室 調理員	自園調理 調理設備 調理員	自園調理 調理設備 調理員	自園調理 調理設備 調理員

※出典：内閣府「子ども・子育て新制度について」

153

表 12-2 家庭的保育事業，居宅訪問型保育事業，事業所内保育事業の認可基準

		家庭的保育事業	居宅訪問型保育事業	事業所内保育事業
職員	職員数	0～2歳児　3：1	0～2歳児　1：1	定員20名以上：保育所の基準と同様
	資格	家庭的保育者（＋家庭的保育補助者）	家庭的保育者	定員19名以下：小規模保育事業A型B型の基準と同様
設備・面積	保育室等	0歳～2歳児　一人当たり3.3㎡	―	
処遇等	給食室	自園調理 調理設備 調理員	―	自園調理 調理設備 調理員

※出典：内閣府「子ども・子育て新制度について」

2 家庭的保育

　家庭的保育は冒頭でも述べた通り，保育者の自宅等で主に3歳児未満の子どもを預かる少人数の保育形態であり，大人数の乳幼児を保育する施設型とはまた異なった形態である。対象となる子どもは3人までだが，保育補助者が加わると5人まで保育することができる。東京都では「家庭的保育事業（保育ママ事業）」，横浜では「家庭保育福祉員」，仙台では「家庭保育福祉事業」，京都では「昼間里親」など，その呼称は自治体ごとに異なる。

　家庭的保育の歴史は，第2次大戦で多くの保育所が焼失したことによる保育所不足から，保育を補うために1950（昭和25）年に京都市の「昼間里親制度」として始まる。その後は，3歳児未満児は母親が育てるべきであるという社会的・文化的な考えが影響して，国による制度の整備はなかなか進まなかった。その一方で，高度成長期の就労女性の増加や第1次ベビーブームによって保育所不足は加速化していたので，一定のニーズが存在し，自治体ごとに独自の制度として運営されていた。しかし，2000年代に入ると，待機児童対策として注目されるようになり，2008（平成20）年の児童福祉法改正 ▶2 で，国の制度として法定化される。さらに，2015（平

▶2　児童福祉法第6条の3の9から12には家庭的保育事業，小規模保育事業，居宅訪問型保育事業，事業所内保育事業について，第22条から26条には，設置の基準，職員，保育時間，保育の内容，保護者との連絡が規定されている。

成 27) 年施行の子ども・子育て支援制度においては，地域型保育事業のひとつとして位置づけられた。もともとは保育を補完する目的で利用されていたが，少人数できめ細やかな保育を好んで利用される場合もある。諸外国にも，イギリスのチャイルドマインダー，ドイツの家庭的保育，フランスの認定保育ママ制度，スウェーデンの家庭保育室など，類似の制度がある。

■家庭的保育の現状

「地域型保育事業」の認可件数は表 12-3 のとおりである。「小規模保育事業」は平成 27 年から 28 年の 1 年間で 800 件近く増加しているが，それと比較すると，「家庭的保育事業」と「居宅訪問型保育事業」の件数はさほど増えていない。

表 12-3 地域型保育事業の件数

年	家庭的保育事業	小規模保育事業	居宅訪問型保育事業	事業所内保育事業	計
平成 27 年	931	1,655	4	150	2,740
平成 28 年	958	2,429	9	323	3,719

※出典：厚生労働省「地域型保育事業の認可件数」

また，保育所や認定こども園，「地域型保育事業」の数と利用者数は表 12-4 に示している。総務省の調査によると，2016（平成 28）年 4 月 1 日時点で 0 歳から 2 歳児の数は約 307 万人であり，これに対して「地域型保育事業」を利用している子どもの数が占める割合は，約 1.3％である。しかし政府は「待機児童解消加速化プラン」として，25 年度から 29 年度末までに 50 万人の保育の場を確保することを掲げていることから，今後も増加する見込みである。

155

表 12-4 保育所等の定員・利用児童数等の状況

	保育所等数		利用児童数	
平成 26 年	24,425 ヵ所		2,266,813 人	
平成 27 年	28,783 ヵ所		2,373,614 人	
	保育所等	25,464 ヵ所	保育所等	2,330,658 人
	幼稚園型認定こども園等	582 ヵ所	幼稚園型認定こども園	19,428 人
	地域型保育事業	2,737 ヵ所	地域保育事業	23,528 人
平成 28 年	30,859 ヵ所		2,458,607 人	
	保育所等	26,237 ヵ所	保育所等	2,393,988 人
	幼稚園型認定こども園等	743 ヵ所	幼稚園型認定こども園	24,724 人
	地域型保育事業	3,879 ヵ所	地域保育事業	39,895 人

※出典：厚生労働省：保育所等関連状況取りまとめ

■家庭的保育者

　家庭的保育者とは「小規模保育事業」のC型，「家庭的保育事業」，「居宅訪問型保育事業」において保育を行う職員のことを指す。児童福祉法によると，家庭的保育者は，「市町村長が行う研修を修了した保育士その他の厚生労働省令で定めるものであつて，当該保育を必要とする乳児・幼児の保育を行う者として市町村長が適当と認めるものをいう」とされている。加えて，①保育を行っている乳幼児の保育に専念でき，②児童福祉法第18条の5各号及び第34条の20第1項第4号の欠格要件のいずれにも該当しない者，の両方を満たさなければならない。

　また，5人までの子どもを保育する場合は家庭的保育補助者が必要であり，3人以下でも家庭的保育補助がいると，より安心で安全な保育ができるため，欠かせない存在である。家庭的保育補助者は，「家庭的保育補助者として市町村長の認定を受け，家庭的保育者の下で家庭的保育を行う者」であり，要件として市町村長が実施する基礎研修を修了した者であるほか，心身ともに健全であること，乳幼児の保育について理解および熱意ならびに乳幼児に対する豊かな愛情を有していることなどがあげられる。

12章　家庭的保育者との連携

■家庭的保育の特徴

⑴家庭的な環境での保育

　家庭的保育は保育者の居宅で行われることによって，いつも同じ保育者と子どもが一対一に近い環境で過ごす。このため，家庭的保育者と子どもは安定した信頼関係を築きやすい。また，料理をする匂いや音，電話の音，来客者の出入りなど，子どもが自分の家にいるような日常の感覚のなかで過ごすことができる。居宅には家庭的保育者の家族がいることもあり，様々な年代の人とかかわれる。

　居宅での保育であるために園庭がないので，公園，児童館，近所の神社，電車を見に行くお散歩など，外出する機会も多い。

　保育内容は保育所保育指針に準じている。したがって，子どもの発達過程に応じた「保育の計画」と「一日の保育内容」を作成した上で保育を展開し保育の記録も残さなければならない（表12-5）。

表 12-5　家庭的保育の一日の流れ

時間	保育内容
8:00	登室・受け入れ，健康観察，自由遊び
9:30	おやつ，水分補給，排泄
10:00	散歩，外遊び
11:30	帰室，手洗い・うがい，昼食
12:00	午睡準備，排泄，歯磨き
12:30	午睡
14:30	目覚め，検温
15:00	おやつ，自由遊びまたは散歩
16:00	帰宅の準備，降室

※『家庭的保育の基本と実践（改訂版）』を参考に作成

⑵ 少人数異年齢保育

　同一の保育者による家庭的保育では，子ども1人ひとりの発達，体質，体調などのわずかな変化に合わせた柔軟なプログラムを組むことができる。加えて，興味や関心，生活リズムも把握できることから，きめ細やかな保育が可能であり，家庭的保育者にはそれが求められる。受け入れとお迎えも同一の保育者であるため，保護者との緊密性も高まり，信頼関係を築きやすい。日頃から特定の子どもと深くかかわっているからこそ，保護者に対してより適切な育児アドバイスもできる。

157

少人数制保育のため，インフルエンザなどの感染病を最小限にとどめることもできる。また，異年齢保育は，兄弟の少ない昨今において擬似兄弟関係のなかで育つ経験ができ，保育所等の集団保育への移行をスムーズにする。

一方で，家庭的保育を利用している子どもは少人数で密室性の高い保育を受けているために，外遊びが不足するという懸念がある。しかし，連携した保育所で大勢の子どもたちと集団保育や外遊びを経験することもできる。同じ地域の子どもが一緒に過ごす時間は貴重な経験となる。また，家庭的保育を利用している子どもたちは3歳以上になると保育所などに移行する。後の受け入れ先でもある保育所での経験は，移行をスムーズにする役割もあるだろう。保育所の空きが出た場合，3歳に達していなくても移行する子どもが少なくないことから，入所児童の変動が激しいこともある。

(3) 地域との密着

家庭的保育者はその地域に暮らす住人の1人でもある。家庭的保育者を通じて，子どもたちは地域とつながりを持つことができる。近隣の公園や施設をはじめ，商店街などへも散歩などの屋外活動の機会も多いことから，地域の人々との交流も期待される。少人数であることからも身動きがとりやすく，地域の催しものにも参加しやすい。地域に見守られ，地域全体を保育室や保育資源としてとらえた保育ができるとよい。

■家庭的保育者の連携

(1) 様々な施設との連携

家庭的保育は地域の保育所，幼稚園，または認定こども園と連携している。満3歳に達して卒園する児童に対して，必要な教育や保育が継続的に提供されるように，連携協力を行う連携施設を適切に

確保することを求めている。例えば，①家庭的保育を利用する子ど
もに集団保育を体験する機会を提供したり，②家庭的保育者が休暇
を取る際に，代替保育を行ったり，③3歳以上の保育の受け皿にな
ることなどである。連携施設の確保が困難であり，地域子ども・子
育て支援事業等により必要な適切な支援を行うことができると市町
村が認める場合は，2015（平成27）年4月1日から2020（平成32）
年3月31日までの5年間を移行期間としている。

　また，家庭的保育の保育室には連携施設や自治体に配置された家
庭的保育支援者，行政の担当者，保健師，看護師などが訪れ，家庭
的保育の様子を確認し，必要な助言指導を行う。それに加えて，こ
れらの訪問者たちは他の保育者との交流が持ちにくい家庭的保育者
に対して，様々な情報や支援を届けたり，家庭的保育者に代わって
ニーズに適切な専門機関へつなげたりする役割も担っている。2015
（平成27）年度からは子どもたちの健康を維持・管理できるように，
調理員（子どもが4人以上の場合）や嘱託医も配置されている。

(2)家庭保育者同士の連携

　家庭的保育者同士の連携においては，「多摩家庭的保育者の会」
や「東京都家庭的保育の会」など，市町村単位やより小さい地区単
位での組織がある。全国的な組織としては，NPO法人家庭的保育
全国連絡協議会がある。

　NPO法人家庭的保育全国連絡協議会は，公的保育の一環として
家庭的保育を行う個人・団体のネットワークとして家庭的保育の普
及・発展を通して，地域の子育て支援に資することを目的としてい
る。家庭的保育者が協力し合いながら，より良い家庭的保育事業に
なるよう努めている。例えば，家庭的保育を創設・推進してきた国
や自治体と協力関係を結んだり，研修などを通じて家庭的保育の質
の向上を図るようにしたりする活動に取り組んでいる。

3 居宅訪問型保育

　居宅訪問型保育は，障害や疾病などで個別のケアが必要な場合や地域に施設がなくなって保育を維持する必要がある場合，子どもの自宅にて一対一で行われる。居宅訪問型保育事業は，児童福祉法において以下のように規定されている。

一　保育を必要とする乳児・幼児であって満三歳未満のものについて，当該保育を必要とする乳児・幼児の居宅において家庭的保育者による保育を行う事業
二　満三歳以上の幼児に係る保育の体制の整備の状況その他の地域の事情を勘案して，保育が必要と認められる児童であって満三歳以上のものについて，当該保育が必要と認められる児童の居宅において家庭的保育者による保育を行う事業

■居宅訪問型保育の対象児童

　居宅訪問型保育の対象児童は，原則3歳未満の保育を必要とする乳幼児であり，次のいずれかに該当すると市町村長が認めた場合である。
　（1）障害，疾病等の程度を勘案して集団保育が著しく困難であると認められる場合
　（2）保育所の閉鎖等により，保育所等による保育を利用できなくなった場合
　（3）入所勧奨等を行ってもなお保育の利用が困難であり，市町村による入所措置の対象となる場合
　（4）ひとり親家庭の保護者が夜間・深夜の勤務に従事する場合等，保育の必要の程度及び家庭等の状況を勘案し必要な場合
　（5）離島その他の地域であって，居宅訪問型保育事業以外の地域型保育事業の確保が困難である場合

12章　家庭的保育者との連携

■居宅訪問型保育の特徴

　居宅訪問型保育を行う家庭的保育者が，1人につき乳幼児1人を対象としてきめ細かな保育を行う。

　居宅訪問型保育事業実施施設は認定こども園，幼稚園，認可保育所のいずれかの施設と連携し，これらの連携施設は家庭的保育と同様に「保育内容の支援」「代替保育の提供」「卒園後の進級先の確保」等の支援を行う。

　以上，家庭的保育や居宅訪問型保育を概観してきたが，最後にこれらが抱えている課題を取りあげたい。

　これまで見てきたように，家庭的保育や居宅訪問型保育は密室性が高いことから，家庭的保育者は外部との関係が希薄にならないよう，様々な施設や人々と連携していることが見て取れた。しかし，連携施設において，①集団保育を体験する機会の提供，②家庭的保育者が休暇を取る際の代替保育，③3歳以上の保育の受け皿，これらをすべて実現できている家庭的保育事業は，2016（平成28）年の調査で33％であり，連携施設を設定することができていない。

　また，保育所などの施設では保育士だけでなく様々な職員が勤務しているが，家庭的保育では家庭的保育者と家庭的保育補助者のみで様々な業務をこなし，運営しなければならない。保育者研修も自ら求めなければ参加することができないため，自己研鑽力や向上心が必要である。

　そして，同一の保育者が子どもを保育するということは，裏返せば複数の保育者で問題を共有できず，日常的な交流もできないことから孤立しやすい。加えて，休暇が取りにくいなどの課題もある。家庭的保育者は利用する子どもたちと密な関係性のなかで保育を行っている。よって，家庭的保育者の子ども観や保育観が子どもたちに大きな影響を与えることになる。常に自身の保育を客観的にと

161

らえ，日々磨いていくことを怠ってはならない。

参考文献

NPO 法人家庭的保育全国連絡協議会編『家庭的保育の安全ガイドライン』2011

家庭的保育研究会編『家庭的保育の基本と実践 改訂版』福村出版，2015

全国小規模保育協議会『小規模保育白書 2016 年版』2015

13章　保育者の専門職的成長

1　保育者に求められるもの

■保育の基本

　女性のキャリア志向の高まりのみならず，長引く不況によって家計を支えるために就労する母親が増えている。女性の社会進出が進むことで保育需要が高まり，保育所入所待機児数が増加している。また，発達障害のある子どもの特別な保育ニーズへの対応も必要になってきている。こうした要請に応えるために，一時的保育，産休・育休明けの入所予約，24時間保育などの長時間保育，病後児保育，障がい児保育等，様々な保育サービスが提供されている。保育の多様化，高度化にあって，子どもの利益を最優先した保育の基本をおさえた，実践展開が求められている。

　保育所保育指針，幼稚園教育要領，幼保連携型認定こども園教育・保育要領の第1章「総則」では，乳幼児期は，生涯にわたる人間形成の基礎を培う極めて重要な時期であり，その生活時間の大半を過ごすのが保育所，幼稚園，認定こども園であるとされている。この目的を達成するために，保育者が1人ひとりの子どもの発達過程，子どもの行動やその内面を理解し，「幼児期にふさわしい生活」を保障することが期待されている。また，子どもがくつろげる，そして保育者から愛されていることが実感できる雰囲気作りも必要である。保育者により状況に応じた環境の構成・再構成，適切な援助を受けて，子どもの能動性が発揮されるのである。

保育者の教育的配慮や温かな心遣いのなかで，子どもに「やる気」が育っていく。失敗や葛藤を乗り越えて，自分なりの思いや願いを子どもは成就していく。こうした経験を繰り返していくことで，子どもに「自信」がついていくのである。子どもが充実した"今"を幸せに生きることで「生きる力」の基礎である心情，意欲，態度を獲得していくことこそ，保育の神髄であるといえよう。そうした実践を創造するために，保育者にはどのような知識や技術が必要なのであろうか。

■保育者の質と専門性

　保育者に求められる専門性とは，幼稚園や保育所，認定こども園で1人ひとりの子どもを育てるために求められる知識や技術，方法，その姿勢をさす。具体的には，保育者としての職務を果たすための姿勢（心情・意欲・態度），知識，技術・技能である。つまり，①保育者自身の豊かな保育観・子ども観，②発達理論に関する知識，③集団生活を展開する技術，④音楽・造形・身体表現の技術などである。これらの専門性を核として，子どもの人格を尊び，豊かなヒト・モノ・コトとの出会いを可能とする保育環境をデザインする力量が期待される。

　加えて，子どもや保護者とのかかわりに資するカウンセリング・マインド，同僚や地域の人々と良好なパートナーシップを形成しながら子育て支援をコーディネイトしていく役割が求められる。児童福祉法（2016）第18条の4の保育士については，「保育士の名称を用いて，専門的知識及び技術をもって，児童の保育及び児童の保護者に対する保育に関する指導を行うことを業とする者をいう」と法律で定められている。つまり。保育士に求められる専門性とは，

① 子どもの発達に関する専門的知識を基に子どもの育ちを見通し，その成長・発達を援助する技術

13章　保育者の専門職的成長

②　子どもの発達過程や意欲を踏まえ，子ども自らが生活していく力を細やかに助ける生活援助の知識・技術

③　保育所内外の空間や物的環境，様々な遊具や素材，自然環境や人的環境を生かし，保育の環境を構成していく技術

④　子どもの経験や興味・関心を踏まえ，様々な遊びを豊かに展開していくための知識・技術

⑤　子ども同士の関わりや子どもと保護者との関わりなどを見守り，その気持ちに寄り添いながら適宜，必要な援助をしていく関係構築の知識・技術

⑥　保護者等への相談・助言に関する知識・技術

　このように，1人ひとりの子どもの望ましい育ちに不可欠な経験を提供すること，子ども自身が環境との豊かな相互交渉によって成長していく過程を援助すること，子育てをめぐって様々な人々が連携・協同していく機会を創造していくこと，これらが保育の専門に期待されている専門性であるといえる。

2　保育技術の向上

　成長，発達の著しい子どもが心身共に心地よい生活を送り，楽しく遊びを展開して，子どもが自己充実を味わうことができるように，保育者は様々な技術を身につけ，日々向上していかなければならない。今日の実践が明日の保育につながるように，保育者は子どもの成長に見通しを持ち，子どもから学び，主体的に子ども理解について研鑽を積むことが大切である。

■PDCA サイクル

　保育者が目標を持って技術を向上させていく一つの方法に，PDCA サイクルの活用がある。P（Plan）とは計画する，D（Do）は行動する，C（Check）は確認する，A（Action）は改善するであ

る。保育の充実を図るうえでPDCAサイクルをまわしていくは非常に有効である。その手順を，図13-1に示した。

図 13-1　PDCAサイクル

■教職員間や保育施設同士の分かち合い

保育技術の向上をさせるためには，学んだことを実践し評価，改善することが要点となる。研修と実践が一体化することで，臨床的な知識が豊かに醸成されるのである。

たとえば，教職員の理解を深めるために，「エピソードカード」（図13-2）を作成して園内研修で研究を重ねる園がある。保育者がこのカードにエピソード記述し，研修会でその情報を交換しながら，自分の保育を見直すと共に，子どもの育ちにつなげていく努力が払われる。エピソードカードを介した保育者間の深いかかわりによって，子どもの内面を見取る力（幼児理解），自分の保育の課題（指導方法）を認識する力が高まっていく。

日時	
いつ	
どこで	
誰と	
何をした	
気になる様子	
おやっと思った様子	

図 13-2　子どもの状況を的確に理解するための記録の作成

13章　保育者の専門職的成長

■園内研修会での報告・協議のあり方

　前述のように園内研修会は，保育者が子ども1人ひとりの発達段階をしっかり見きわめ，発達の手順を再確認するための有効な機会である。複数の保育者が多様な視点から話し合うことで，子どもの姿や内面が浮かびあがってくる。その子の真実や課題に即して，適切な援助を提供していくためにも保育者同士の分かち合いは重要である。気になる子どもを取り上げた保育カンファレンスを例にしてその手順を①から③に示す。

① 担任からの報告
　・行動の特徴や知識・技能の獲得の仕方について
　・指導の経過と評価
　・今後の指導の見通し
② 他の職員が気づいた点，指導に対するコメント
　・担任が気づいていない子どもの様子
　・担任以外の保育者がかかわったときの子どもの様子
　・他の視点から考えられる今後の指導のヒント
③ 指導方針，指導内容の再検討
　・指導方針（身につけさせたいおおまかな内容，基本的なかかわり方・方向性）
　・指導内容と方法

　このように，気になる子どもをめぐって教職員が園内研修で考察し，その子の様子や課題，適切な指導援助の方向性を検証していくことができるのである。こうしたやり取りを通じて，保育者は自分自身の保育を見直し，多様な視点を持って子どもを受け止め，保育を構想していく姿勢が育てていく。日頃の地道な取り組みが保育のステップアップにつながっていく。園内研修は，保育者の学びあい，教職員の心の触れ合い，そしてひびき合いの場といえる。

167

■新任保育者の学びと成長

　最近，保育者になることを夢みて，保育者養成校で学び，夢を実現させて新任保育者になったものの，すぐに離職してしまったという話をよく耳にする。新任保育者として1年ももたない苦い経験を味わった保育者は，いったいどのような事態に直面し，悩み，苦しんだのであろうか。次に2つの事例から考えてみたい。

事例13-1　乱暴なケンタへの新任保育者ヨウコ先生の態度

　ケンタは気持ちがたかぶると，友だちを噛んだり，どこかに行ってしまったりすることがあった。新任保育者ヨウコ先生は，ケンタが危険なことをするので，いつも見ていなければという気持ちになっていた。そのため，ヨウコ先生は，ケンタが友だちと遊んでいるとき，その状況を「見張る」気持ちが先に立ち，気が気ではなかった。すると，子どもが「先生は，ケンタ君見ているとき，いつもこわい顔しているね」と言った。ヨウコ先生はそのときの気持ちをふり返ると，自分がケンタを見るときは，「監視」の気持ちで見ていたことに気づいた。

　「見張る」気持ちから「見守る」気持ちに変えたとき，ケンタが遊びを楽しんでいる姿に気づくようになった。その後，不思議なことに，ケンタが友だちを噛む回数も少なくなっていた。

事例13-2　新任保育者ヨウコ先生と園長との関係

　園長は，保育環境が落ち着きのない設定のため，ケンタが外に飛び出してしまうと考えた。そこで新任保育者ヨウコ先生に，ケンタの居場所になるようなスペースを保育室に設定することを提案した。ヨウコ先生は園長の助言を受けて，保育室の動線に配慮しながら保育室の環境を再構成してみた。その結果，積み木コーナーがケンタの居場所となった。ケンタは，しんどくな

ると積み木コーナーに行き，ゴロゴロ寝転がっていた。気分が落ち着くと再び活動し，保育室から急に飛び出すことはなくなった。保育室での生活にも落ち着いて取り組めるようになった。

園長がケンタのことを理解し，「子どもは，楽しさが一番」という言葉で，ヨウコ先生を勇気づけた。このことがきっかけでヨウコ先生は保育のコツをつかみ，保育を楽しもうと思えるようになった。園長のアドバイスを受けて，ヨウコ先生自身も前向きに保育に取り組んでみようと思えるようになった。保育者の気持ちの変化に呼応するかのように，ケンタの生活にも変化が生じた。園長のアドバイスが新任保育者の成長につながっていったのである。

3 命を預かる保育者の使命

■幼児期の発達とアニミズム

保育者は子どもの命を預かるとともに，保育を通じて命の尊さを子どもに伝えていく責任がある。園庭で花が生き生きと咲いているのを見た3歳児は「私のあげたお水，おいしそうに飲んで，お花がダンスしている」とつぶやいた。また，枯れたチューリップに水をあげて，「早く元気になってね」と，枯れたお花にも思いを寄せる。このように，自然現象や物質，植物に対して，人間と同じような感情や行動力があると信じることは「アニミズム」と呼ばれ，2〜4歳頃の幼児に見られる発達特徴とされる。また。5歳になると虫を飼ったり，飼育当番をしたりするようになる。生活のなかで生き物と具体的にかかわることで，より一層身近に，「命の尊さ」「命の儚さ」を子どもなりに自覚するようになる，以下に，にわとり当番から「命の儚さ」を学んだ事例をあげる。

■生き物との出会いを通して命に触れる

事例 13-3　にわとりとの出会い

　幼稚園でにわとりを飼っていた。世話をするのは，年長の子どもたちである。子どもたちで相談して，にわとり小屋の掃除当番を決めることにした。にわとり小屋の掃除当番は，高さ2メートル，幅6メートルの小屋に入り，掃き掃除，えさやり，容器へ水を入れることにした。にわとりが苦手な子どもは，なかなか，小屋のなかに入ることができなかった。にわとりがバタバタ小屋を飛び，つつかれそうになるので怖かった。そこで保育者は，手や足を保護するための軍手や長ズボンを用意して掃除当番の子どもに身につけさせた。当初，子どもたちが入っていくことで，にわとりはバタバタしていた。しばらくすると，つつくこともなく，掃除をする子どもたちのそばに寄ってくるようになった。

　こわごわ，にわとりを抱っこしていた子どもたちも，慣れてくるとにわとりがそばにくると喜んで抱きかかえるようになった。すると「にわとりのおなかって，抱っこするとあたたかいね」。さわると「つるつるしている」と頬ずりをし，その感触を味わうようになった。ひよこの誕生にも子どもたちは立ち会った。にわとりが卵を産むところ，卵からひよこが出てくるところなど，生命の神秘を目のあたりにした。しかし，ある日，突然，にわとりは死んでしまった。

　餌をあげたり，一緒に園庭でおいかけごっこを楽しんだり，ひよこの誕生を体験したりして，にわとりに親しみと愛情を覚えていた子どもたち。しかし，にわとりの命の灯は消えてしまった。命の儚さ，死の不条理を子どもたちなりに受け止めざるを得ない経験であった。この出来事から「命は儚いからこそ尊い」という，命への愛しみを子どもたちは実感することができた。

　　　子どもは，にわとりとのかかわりを通じて，命あるもの同士の触

170

れ合いの充実感を味わった。そして期せずし，にわとりの死によって，喪失感と悲しみを味わったのである。こうしたつらい経験から，子どもたちのなかには命の尊さと生への畏敬の念が醸成されたのであるといえる。

保育者は，命の大切さを友だちと一緒に感じ合う経験ができるように，保育環境をコーディネイトし，子どもとともに命によりそう生活を心がけていきたい。

4 多様な子どもとの出会いと保育者の対応

■多文化社会と子どもの権利

児童の権利条約第2条で「締約国は，その管轄の下にある児童に対し，児童又はその父母若しくは法定保護者の人種，皮膚の色，性，言語，宗教，政治的意見その他の意見，国民的，種族的若しくは社会的出身，財産，心身障害，出生又は他の地位にかかわらず，いかなる差別もなしにこの条約に定める権利を尊重し，及び確保する」と差別の禁止が示されている。子どもは国籍や在留資格に関係なくその権利が保障される存在である。

子どもは適切な保育や教育を受ける権利を「子どもの最善の権利」として，児童の権利条約で示されている。障害の有無や民族，出身国によって差別されることなく，多様な価値観・見方を受け止めていくことが求められている。

■外国人子弟の受け入れ

日本に在住する外国人の数は，就労や留学，国際結婚などで年々，増え続けている。日本で暮らす外国人の国籍は，主に中国や韓国，ブラジルやペルー，フィリピンやタイが多い。

こうした外国籍の子どもが日本の保育所や幼稚園，認定こども園

に就園する場合，否応なしに日本と母国のふたつの文化の葛藤に遭遇することになる。例えば，食事の味や素材はその国の文化を代表するものである。しかし，外国籍の子どもは，日本の味や素材，マナーに必ず親しんでいるわけではない。そのため食べ方がわからず，食事が進まないこともある。保育者に「全部きれいに食べなさい」と注意されても，どうしてよいかわからない。保育者には，子どもに好き嫌いがあり，わがままな行動をとっているように理解されることもある。

　また，言葉の遣い方も深刻である。自分の思いが伝えられなくてどうしたらよいのかわからず，そのため不安定になり，乱暴になったりすることもある。

　外国籍の子どもと生活する場合，保育者はコミュニケーションを図る一助として，朝の挨拶や日常生活の最低限度の言葉（その子の母国語）を覚える努力をしてほしい。また，その子や保護者の母国文化について学習して生活習慣や態度等の違いについてクラスの子どもたち（日本人）に知らせていくことも必要である。

　外国から来た子どもや保護者が日本における日常生活で出会う様々な偏見や差別を克服できるように，保育者が生活を通じて援助していくことが大切である。

■地域の文化を取り入れた保育のあり方

　地域に開かれた幼児教育が求められている。地域の文化を取り入れ，その良さを活かした保育カリキュラムを構想していく必要がある。沖縄の歴史的，文化的背景が行き続けている地域で，エイサーや沖縄のわらべ歌を取り入れた実践事例を取りあげる。

事例 13-4　沖縄の文化を取り入れた保育

　大阪府内の M 保育所には，沖縄出身の1世，2世，3世の子どもが園全体の42.9％とほぼ半数近く在園している。園庭には，沖縄の植物である月桃が

13章　保育者の専門職的成長

植えられ，近くの公園には，沖縄の県花であるデイゴが植えられている。家々からは，沖縄民謡が流れていることもある。沖縄出身の1世，2世，3世以外の子どもたちも，エイサーを踊ったり，バーランク（太鼓）を打ち鳴らしたりして遊ぶ。

　また，保育所の夏祭りや，運動会，地域の「エイサー祭り」でエイサーを踊る。例えば，夏祭りでは，夕方より園庭に園児，職員，保護者やその家族，卒園児，さらに，地域の方々も集まってくる。

　園庭で「コ」の字になって，みんなで一緒に，沖縄のわらべ歌を歌ったり，エイサーを踊る。また年齢別では，3歳児は乳児を真ん中にして，「てぃんさぐぬ花」の曲をジンナーク（銭）をもって，鳴らしながら踊る。4歳児は「7月のエイサー」の踊り，5歳児はバーランク（太鼓）をもって「花ぬ美ら島」を踊る。最後に，先生方の「ラクャー」の踊りでフィナレーとなる。子どもたちが，エイサーや沖縄のわらべ歌を体全体を使って沖縄のリズムで踊り歌うことで，地域の高齢者の心の支えになっている。沖縄の文化を取り入れた保育をした結果，韓国やモンゴルの文化を取り入れた表現遊び（わらべ歌，踊りなどのリズム遊び）においても，素直に受け入れ楽しむことができるように子どもたちは成長する。

■障害児保育

(1)「ノーマライゼーション」と「インテグレーション」と「インクルージョン」

　障害についての捉え方には，3つのキーワードがある。「ノーマライゼーション」(normalization) と「インテグレーション」(integration)，「インクルージョン」(inclusion) である。

　「ノーマライゼーション」とは，障害者（児）の存在を尊重し，1人の人間として障害のない人と同等な生活水準を提供することである。「インテグレーション」とは，すべての人が協力をして，障害者（児）を一般社会の中で受け入れて，その人の存在を自明なものとして共存共生することである。「インクルージョン」とは，障害

173

の有無に関係なく，包括教育のシステムのなかで，1人ひとりの教育ニーズに対応していくことである。共生保育は，子どもの成長過程において，同年代の集団とのかかわりのなかで，様々な経験や人間関係を形成することで重視される。

(2)特殊教育から特別支援教育へ

2005年には「特別支援教育を推進するための制度の在り方について」(答申)が示され，特殊教育から特別支援教育へと名称及び理念が変わった。特別支援教育は，支援を必要としている子ども(視覚障害，聴覚障害，身体障害，知的障害，情緒障害，LD，ADHD，ASDなど)の視点にたち，子どもの特別な教育的ニーズを把握し，その支援を行うことである。

最近は，発達障害のある子どもや明確な診断を受けていない「ちょっと気になる子」の保育ニーズが高まっている。2007年に岐阜大学が全国の公立幼稚園(936園)に実施した大規模調査結果では，障害児の診断のある子どもは2.3%，発達の遅れやかたよりが気になる子どもは2.9%，合計5.2%であることが確認されている。数多くの子どもが在園していることから，早期に適切な指導，支援を行うことは，障害によって生じる成長や発達における影響を最小限にとどめ，通常の活動に従事できる機会を増やし，障害のある子どもの社会性，認知，運動，コミュニケーションの発達を促し，二次的な障害を予防する上で重要である。幼児教育における発達障がいのある子どもの保育は急務である。

■差異を教育的な資源とする

子どもたちの生活のまわりは，種々の情報機器(テレビ，DVD，インターネット，テレビゲームなど)が普及し，間接的な情報が数多く氾濫している。その一方で，異文化を知る，障害者(児)とかかわる，高齢者と触れ合うなど，現代の子どもは多様な人間関係を構

築していく課題に直面している。しかし，これらを家庭で具体的，直接的に体験することは困難である。

　幼稚園教育要領や保育所保育指針，幼保連携型認定こども園教育・保育要領には，子どもが健全な発達をはかるためには「自己を十分に発揮する」ことができるように，様々な人と触れ合いながら文化を吸収し，幼児の能力や感覚を刺激して，子どもを全人として発達させることがうたわれている。ここでいう全人とは，人間が持っているすべての素質・能力が全面的にひとつの統一体としていかされた全き人間のことである。全人は生まれたときから全人ではない。幼児期からの教育によって，全人へと育てられていくのである。

　幼児期の子どもを全人へと育てていくためには，日々の保育のなかで人種や障害，文化などの差異について，触れ合い，関わり合い，そしてつながり合っていくことが大切である。そのことによって，お互いに必要な存在であり，一緒に物事に取り組み，葛藤しながらも成し遂げ，成就感を味わうことで，子どもに協調性や思いやり，自己抑制が育ち，自己肯定感が培われていく。保育者は，多様な要請に応えられるように，十分な能力や資質を備え，その責任と努力を担わなければならない。そのことで，保育者は人間教育としての新しい保育の姿を生み出すことができる。

参考文献

小川圭子「地域社会に開かれた幼児教育のはたす役割：沖縄の文化を取り入れた保育実践から」『幼年児童教育研究』12号，兵庫教育大学幼年教育コース，2000

小川圭子「気になる子どもの保育方法についての一考察：事例からみる新任保育者の困り感と変容過程」『幼年児童教育研究』22号，兵庫教育大学幼年教育コース，2010

小川圭子『3・4・5歳児の保育——障がい児保育の実践に学ぶ』小学館，2007

片山忠次・名須川知子編『現代生活保育論』法律文化社，2003

14章 子どもとともに成長する保育者

1 感性豊かで創造性に満ちた保育者

　乳幼児とともに生活する保育者には,「人を育てる」仕事であるからこそ,求められるいくつかの資質がある。それらの資質を磨くためには,子どもたちへの深い愛情,保育者としての使命感,豊かな人間性などが基盤になる。とくに,豊かな感性や感受性・創造性などが保育者の資質として求められるのである。

　幼い子どもや生きるものへの愛しさを感じる,美しいものを美しいと感じる,子どもの個性を「ありのまま」に感動を持って受け入れることができるなど,保育者が持っている豊かな感性に子どもたちは心を揺さぶられる。感性豊かな保育者とともに過ごすことで,子どもは心豊かな人へと成長するのである。

　レイチェル・カーソン(Carson, R.L., 1907 ~ 1964)は,『センス・オブ・ワンダー』のなかで,「子どもにとって,『知る』ことは『感じる』ことの半分も重要ではない。子どもたちが出会う事実のひとつひとつが,やがて知識や知恵を生み出す種子だとしたら,様々な情緒や豊かな感受性は,この種子をはぐくむ肥沃な土壌であり,幼い子ども時代は,この土壌を耕すときである。美しいものを美しいと感じる感覚,新しいものや未知なものにふれたときの感激,思いやり,賛嘆や愛情などの様々な形の感情がひとたび呼び覚まされると,次はその対象となるものについてもっとよく知りたいと思うようになる。……消化する能力がまだ備わっていない子どもに,事実を鵜呑みにさせるより,むしろ子どもが知りたがるような道を切り

14章　子どもとともに成長する保育者

開いてやることの方が，どんなに大切であるかわからない」と述べている ➡1。「感受性の土壌の耕し」「知りたがるような道を切り開いてやる」ことが保育者の役割であるとするならば，保育者は自らの個性と創造性を十分に発揮して保育を展開することが要求される。谷田貝公昭は，人として温かい心の子，活力のある子，存在感のある子に育てようと思うとき，保育者の受容する心と感性は豊かなほどよい，と述べている ➡2。感受性豊かで，表現したい気持ちが旺盛で，表現力が豊かな幼児が，保育者の豊かな感性や表現力に共鳴する。保育者は，幼児の発達が自らの感性や指導力と不可分の関係にあることを自覚し，自分自身を見つめることが求められる。保育者は，子どもの自発性を大切に受け止めているか，表情豊かに子どもに対応しているかなど，保育を客観的にふり返り，自己点検，自己評価を行い，自身の保育の改善を行う力が必要とされる。

　保育者のやわらかい感性と創造性豊かな保育の組み立てが，ともに生活している幼児の情感をくすぐった事例をあげて考えてみたい。

◀1　レイチェル・カーソン『センス・オブ・ワンダー』新潮社，1996。

◀2　谷田貝公昭・上野通子編『保育者の常識67』一藝社，2006。

事例1　　**季節の風を感じよう**　　幼稚園／5歳児4月上旬〜6月下旬

　園庭の桜の花が風に舞う様子を見た子どもたちは，手のひらを広げ「きれい！」「ひらひら花びらさん待って！」と舞い降りる花びらを追いかけていった。

　風は，目には見えないが，幼児にとっては身近に感じ取れる魅力ある自然素材である。保育者は風を全身で感じて遊ぼうと計画した。

　雨上がりの爽やかな朝，子どもたちとこいのぼりを揚げようと園庭に出た。風がなく穏やかな天候であったので，子どもたちの期待に反して，こいのぼりは垂れ下がったままだった。「こいのぼりの歌を歌おうか」と，保育者が子どもたちを誘った。歌いながらしばらくこいのぼりを見守っていると，風を受けて気持ちよさそうにこいのぼりが泳ぎ出した。「こいのぼりが泳ぎはじめた」「風がお腹のなかに入って膨れてきた」「すごい！　いっぱい泳ぎ出した」「風が吹いたからや」，子どもたちはうれしそうであった。ゆっ

177

たりとした時間のなかで，風を感じ，風のイメージを幼児と共有できた瞬間
だった。大空を泳ぐこいのぼりを見上げながら，「こいのぼりのごはんは風
さんや」と1人の幼児がつぶやいた。

　次に保育者は，目に見えない捕まえられない風を，いかに幼児の心に留め
ることができるか，目や耳で心地よさを感じられるように，窓際に風車を置
く，チャイムを吊るすなど，保育室の環境構成を工夫した。

　風が吹くことで，色鮮やかに風車が回り出したり，透明感のある涼やかな
音が保育室に流れ込みはじめた。子どもたちは遊びの手をふと止めてチャイ
ムの音に耳を傾け，見えない風を感じている。

　保育者は，「僕も風車が作りたい」という子どもの気持ちの高まりを感
じ，保育室に風車づくりができる環境を設けた。翌日，子どもたちは，お手
製の風車を手に，風を見つけに出かけた。子どもたちは，「こいのぼりが泳
いだら，風さん来るよ」とこいのぼりの動きを見ながら，風の向きを探して
いた。しばらくすると，強い風が吹いてきた。「座っていても回る」「手がブ
ルブルと動く」「今日の風はとっても速い」と，子どもの心からの感動の声
が次々とあがった。

　保育者は，風を捕まえる遊びをさらに刺激しようと考えて，シャボン玉
の遊びを仕掛けてみた。風に吹かれていくシャボン玉を見て，「風さんとな
かよし」「風とダンスしている」とつぶやく子どもたち。自然に，"シャボン
玉"の歌を口ずさむ子もいた。「本当に屋根までいって消えた」「歌と一緒
だ」，"なるほど"と納得した様子であった。

　またある日，小学校から吹いてきた風に，子どもたちは，「小学校の風は
カレーのにおいだ」「パンのにおいだ」と，嗅覚で風を感じていた。

　5月の風は爽やかで，6月の風は温かい。12月の風は冷たく痛い。このよ
うに，季節の風を感じる保育は，保育者の感性と創造性に支えられて，長期
にわたって展開していった。

　　　秋田喜代美は，幼児期の教育の真の価値は，幼児1人ひとりに
　　とって意味ある幸せな時間を生きること，人生のかけがえのないひ
　　とときとしての幼児期にしかできない経験を保障することのなかに

14章　子どもとともに成長する保育者

あると論じている。さらに，保育者は，1人ひとりの子どもの心の内奥の動きが読み取れる専門家として，遊びのなかに見えないものを見出す感性，聴こえないものを聴き出す感性を持たなければならないと述べている ➡3。「花が咲いている」「鳥が歌っている」「雨が降ってきた」と現象面にだけ目を向けた保育では，創造性あふれる感性豊かな幼児を育てることはできない。その現象や物象が何を語ろうとしているのか，内なる声に耳を傾けることができる保育者が求められる。それには，様々なことに対する小さな変化や不思議・驚きなど，感動の瞬間を子どもとともにし，生きる喜びを共感的に味わうことのできる保育者でなければならない。保育者自身が生活のなかであらゆる事柄にアンテナを張り，保育に対する創造的な感覚を磨き続けようとする姿勢が大切である。

◀3　秋田喜代美「論説 幼児期の教育の真価」『幼稚園じほう』全国国公立幼稚園長会，2012年3月号。

2 創造性を重視する保育者

　子どもたちに四季の素晴らしさを伝え，季節ごとの自然現象や動植物に出会わせていくことは，未知の世界を知る喜びに保育者が応えていくことである。保育者には恵まれた自然環境を保育に生かす実践力が問われている。自然に触れながらいろいろな体験をすることで，子どもは心身ともに豊かに成長し，見知らぬものへの興味関心を広げていく。身近な動植物に触れ合うことは，命の尊さに気づき，自然や他者への感性が豊かに育まれていく原体験となる。

　保育者には，子どもの遊びへの意欲が満たされるよう，コーナー遊びや発達に応じた様々な遊びを準備することが求められる。子どもの遊びが創造的に展開していく上で，保育者による環境構成が不可欠である。また，できるだけ戸外での遊びへと子どもたちを誘っていきたい。そうすることで，身体を動かして活発に活動する生活のみならず，戸外で自然と出合い，感動体験を味わう機会が増えるに違いない。また，友だちと思う存分に身体を動かして遊ぶことで，

179

人とつながる力，いざこざや葛藤を乗りこえる力も成長していくだろう。保育者は，子どもの遊びが中断されないように配慮していきたい。

　幼児の成長はすべて自らの生活を通して実現していく。幼児にとって生活・成長・発達は，切り離すことのできない関係にある。それゆえに，幼児の生活を創造的視野から教育的に導いていくことは，その成長発達を健全に助成することにつながる。子どもたちの視点から考えるならば，生活するとは，環境と全人的にかかわり，自らの力に応じて学ぶことである。社会に生まれ落ちた子どもは，誕生の瞬間から人・もの・こと等の環境とかかわり合いながら，成長・発達・学習していくのである。

　フレーベル（Fröbel, F.）は，『人間の教育』のなかで，幼児期の遊びは「この時期の人間の最高段階である」として「遊びは，内面的なものの自主的な表現，内面的なそのものの表現に他ならない」と述べている。そして「この時期，子どもの自主的に選んだ遊びのなかに，その子の持つ将来の内面的な生活がある」と，強調している。幼児期の遊びがその後の人間形成に重要な意味を持つものであることを指摘しているのである。フレーベルの思想は，現在でも色あせず，一層魅力的な響きを持って私達に迫ってくるといえよう⬛4。この言葉を十分にかみしめながら，園外に出かけて深まる秋に思い思いの創造を楽しみ，友だちと感動を共有した体験を紹介しよう。

　11月，幼稚園近隣のカトリック教会に出かけた。子どもたちは舞い落ちる銀杏の葉に感動の声をあげ，地面に落ちた葉を手のひらですくい風に届けて遊んでいた。素直な心に創造の息吹を宿らせ，感性豊かに自然物と出会って遊んだ。感動のあまり，大きな銀杏の木に向かって「恵みの葉っぱをたくさん届けてくれてありがとう」と言う子どももいた（図14-1）。

　子どもたちは，環境と結びつき，環境は子どもたちに影響を与え

⬛4　岩崎次男訳『フレーベル人間の教育(2)』明治図書, 1979。

180

14章　子どもとともに成長する保育者

る。保育者は，環境と子どもたちの相互作用を創造的に結びつけていく。保育者は，幼児がイメージ豊かに様々な表現を楽しめるように願っている。幼児の豊かな感性や自己を表現しようとする意欲は，自然や周囲の人々など身近な環境とのかかわりのなかで，内なる感情やイメージを自分なりに表現する充実感を味わうことで育っていく⇒5。

図14-1　銀杏の落ち葉で遊ぶ子どもたち

⇒5　神長美津子ほか『新幼稚園教育要領の展開』明治図書，2009。

近年，子どもの行動のすべてがその子どもの内面の表れ「表出・表現」とみなされるようになった。子どもの生活には，大人の音楽や造形とは異なった，子どもなりの音楽的・造形的，あるいは音楽以前・造形以前ととらえることが可能な表現がたくさんある。また，音楽や造形の分野にとどまらず，実に多様な子どもによる創造的表現活動を認めることができる。保育者は子どもの内面を省察する目を持つことで，子どもの豊かな表現性をとらえることができるのである。

子どもたちは，園生活が充実するにつれ，1人よりも心の通じ合う仲間と一緒に表現し合うほうが楽しいことを知る。人と人が集う所に，表現＝創造的活動が生まれる。保育者も子どもと表現し合う仲間になりたいものである。

3　子どもに希望を与える保育者

「早く行って色水作ろう」「昨日のタケシ君と作った土山どうなっているかな」と1人ひとり意気揚々と登園してくる幼児。みんなが目的意識を持ち躍動感あふれる光景。このように幼児のエネルギーが感じられる園では，保育者が保育内容，幼児の願い，個々の幼児の発達等をつぶさにとらえ，職員全員で計画・実践・評価・改善

（PDCA）を行いながら保育に向かっていることが多い。目指す子ども像が明確で，子どもの心によりそおうとする質の良い保育者集団の姿である。

子どもたちの願いを叶えてあげたいという保育者の思いは，それぞれの子どもたちの，その子らしさを受け止める姿勢からはじまる▶6。その子らしさを受け止めるとは，あるがままのその子どもを受け止め，その子どもの持つ良さを見つけ伸ばすこと，つまり子どもの自尊感情を高めることである。その子らしさを受け止めるこのことにより，子どもたちは，自分に自信を持ち，良さを発揮して毎日を送ろうとする。以下で保育事例を紹介しよう。

▶6 幼稚園教育要領　第2章「人間関係」3-(2)参照，2017。保育所保育指針第2章　3-(2)-イ「人間関係」(ウ)-②参照，2017。幼保連携型認定こども園教育・保育要領　第2章第3-人間関係3-(2)参照，2017。

事例2　子どもの良さを見つけ伸ばす "よいとこさがし"
幼稚園／5歳児10月中旬〜小学校入学後

1学期，「本当の僕を知って」「私はまだみんなの前で自分を出せない，でも本当はもっとみんなと仲良くしたいの」と，このクラスの子どもたちは，自分の良さを素直に表出することが苦手な幼児が多かった。そこで，運動会直後から，毎日，クラス活動の一環として「よいとこさがし」の時間を設けることにした。

ホワイトボードに八つ切り色画用紙を貼り付け，担任が左上に似顔絵を描き，子どもたちから出た○○ちゃんの良いところを，箇条書きで書いていく。毎日15分程の保育，「○○ちゃんデー」である。「今日は，ぼくの日」と毎日子どもたちはその日が来るのを楽しみにしている。

タカマサくんは，ホワイトボードの横で，友だちが次々に言ってくれる自分の良いところに少し照れながら，終始笑顔で聞いている。

この「よいとこ」は，すぐ保育室の壁面に貼り出す。すると，子どもたちは，1枚1枚増えていく自分たちの「よいとこさがし」カードを，時間を見つけては眺めている。友だちとの会話も弾むようになり，この日を境に，子どもたちの親密性が高まっていく。「机拭きなら私に任せて」と，自分はどんなところを認められているか，そしてこのクラスになくてはならない

14章　子どもとともに成長する保育者

存在として自分には何ができるのか，自覚と自信が芽生えていく。「よいとこさがし」が全員終了する頃には，子どもたちは友だちの良さを探す名人になっていた。「〜くんの，そんなところが好きなんだなぁ」と，相手を認める言葉がサ

まえのたかまさくんは
・かっこいい
・ミニよんくがこわれたとき，なおしてくれた
・つよい
・えが，じょうず
・おとうばんが，じょうず
・やさしい
・たかまさくんが，すき
・おもしろいことをする
・コサックダンスのすわるおどりが，じょうず
・ちずかきめいじん
・リレーがはやい
・たまに，はずかしがりやさん

図 14-2 「よいとこさがし」カード

ラリと出るようになった。「力持ちの〇〇くん，このバケツ一緒に持って」「オーケー任しといて」「ありがとう」と，相手の良さを認めながら，協働する生活が展開していった。

　この「よいとこさがし」カードを，卒園時に文集にして子どもたちに手渡した。

　表紙に次の言葉を添えて。

　　「くるしいとき・かなしいとき　そっとあけてごらん
　　　　　　これは　みんなのたからものだよ」

　小学校入学後の5月頃になると，様々にストレスを抱える子どもも出てくる。寝る前に1人でそっとこの「よいとこさがし」文集を開き，自分の良さを再確認して，自信と勇気を持ち，翌日学校へ向かった子どもたちが何人もいたことを，保護者から聞き知ることとなった。

　「〇〇ちゃんデー」の「よいとこさがし」は，保育者が気づかなかった子どもの良さを，クラスの子どもたちから教えられたり，新たに発見したりする機会となった。その後，子どもたちと暮らすなかで，「あっ今，〇〇ちゃんが言っていたこの子のやさしいところにふれたわ。今，この瞬間この子の側にいて良かった」と感動する

ことが度々あった。保育者として，子どもの素晴らしい持ち味に出会えた幸せを感謝した。

　保育は，こうしたささやかな幼児の成長の瞬間を見落とさず，拾い上げ，大切に見守り育てていく営為である。子どもたちとの感動の瞬間をひとつひとつ積み重ねていく喜びを味わうことができる，それが保育者なのである。

　子どもにとって幼稚園・保育所・認定こども園は，同年齢の多くの幼児とともに生活しながら，社会のなかでどのように生きていけばよいのか，「人としての生き方」を学ぶところである。保育者は，幼児とともに暮らすなかで，本人が意図するしないにかかわらず，保育者自身の人となりが，幼児に大きな影響を及ぼしている。保育者自身の考え方や姿を通し，子どもたちに生きた保育をしている。つまり保育者は，幼児にとってもっとも身近で大きな影響を及ぼす「人的環境」である自覚を持つことが必要である。保育者には「人間性豊かに生きる力」が求められることとなる。毎日の保育のなかでの小さな出来事を大切にし，幼児の心によりそい，そうせざるをえない幼児の気持ちやその行為の意味を探り，深く理解するよう努力する保育者の姿勢，人間性が子どもの育ちに直接影響するのである。

　家庭から社会に一歩を踏み出した幼き者に，人としての生き方を，自分自身を通して伝えていく，保育者とは本当に重責を担った職である。反面，子どもたちと生活を共にするなかで，保育者は多くの幸せな瞬間を，子どもたちと共有する。気がつくと，保育者自身が子どもたちから人として生きていく多くの喜びを分け与えられている。子どもとともに生きることの喜びを感じられる保育者は，子どもの心持ちに共感できる。日々子どもと向き合い，自らの保育を振り返り，自己研鑽に励んでいく保育者であってほしい。

14章　子どもとともに成長する保育者

４　新任保育士アズサ先生の１日

「先生，だーい好き！」と，抱きついてきてくれる可愛い子どもたちに囲まれながら，新任保育士としての毎日を過ごし，はや半年あまりが経ちました。保育士という仕事は，決して楽な仕事ではないと感じていますが，それでもやはり，子どもたちと過ごす毎日には笑顔があふれています。

保育所の１日は，登所してきた子どもたちのとびきりの笑顔と，元気いっぱいの「おはよう！」から始まります。私はいま，２歳児クラスの担当です。自由あそびの時間になると，ままごとで作った料理を，「先生，どうぞ！」と言って持ってきてくれたり，積木で作った家を自慢げに見せてくれたりします。私が早番で，子どもたちよりも早く帰るときは，「先生，バイバイ！　明日も来る？　来る？」と何度も尋ねられます。子どもたちに見送られると，とても温かい気持ちになり，「明日もまたがんばろう」という前向きな思いを持って，１日を終えることができます。

子ども同士のかかわりのなかでも，たとえば，泣いている友だちにティッシュを運んだり，自分の使っていた玩具を友だちに貸してあげたりするなど，そうした思いやりの光景は頻繁にみられます。子どもたちは，お互いにかかわり合うことを通じて，友だちを思いやる気持ちを育んでいくのです。そのような姿を見るたびに，相手の気持ちをくみ取り，相手の望みに応えながら行動することの大切さを，私は子どもたちから教えてもらっているように感じています。このように保育所は子ども同士，保育者と子ども，保育者同士など，人間同士の豊かなかかわりを通して互いが育ちあう場であると感じています。

子どもの望ましい成長発達を促進させるために，私が大切にしようと心がけていることは保護者とのかかわりです。この数ヵ月，私

185

はすすんで保護者にお子さんのその日の様子を丁寧に伝えつづけていきました。すると保護者もお子さんの家での様子を伝えてくれるようになりました。そのような保護者とのかかわりが深まるにしたがって、保護者の心配事をともに分かち合い、子どもの成長過程で見られる小さな感動を共有し、子どもたちの成長をともに見守っていくことの大切さに気づくことができました。

このように保育職は、やりがいのある素晴らしい仕事だと感じていますが、新任の私にとって、職場としての保育所は楽しいことや、感動することばかりの場所ではありません。保育は、生身の人間と、すなわち、命と向き合う営みであるからこそ、その1人ひとりの尊い命とのかかわりは、その一瞬一瞬が真剣勝負だと考えています。10人いれば10通りの性格、10通りの発達段階、10通りの考え方や好き嫌いがあります。私達がそれらを把握するためには、時間をかけて1人ひとりを理解していく必要があるのです。さらに、子どもの個性を生かしながらクラス全体をまとめることも非常に難しいことだと感じています。思うように保育ができず、自分が思い描いている理想の保育と、実際の自分の保育がかけ離れていることに、悩むことも少なくありません。

こうした保育技術や経験などの不足による悩みとともに、保育者同士のかかわり方も悩みのうちのひとつであります。例えば、先輩の先生からの助言が、厳しいだけの言葉に聞こえてしまうこともあります。しかし、そんな未熟な私を支えてくれるのもまた、先輩の先生方です。職場には、親身に相談に乗ってくださり、心強い言葉をかけてくださる先生も必ずいます。頑張っているつもりでもうまく保育ができず、1人で悩んでいた私に、先生方は「1年目なのだから、できなくて当たり前。もっと肩の力を抜いてやっていったらいいよ」「人に頼ることを覚えるのも、仕事のうち」と、心が軽くなるような言葉をたくさん掛けてくださいます。また、先輩ご自身のクラスの方が大変であるにもかかわらず、忙しい時期にはかなら

14章　子どもとともに成長する保育者

ず「大丈夫？」と，新人の私の心配をしてくださいます。時には厳しく，時には優しく私を導く先生方がいてくださるからこそ，不安を抱えつつも，今までやってこられていると，心から感謝しています。

こうした諸先生方の支援にあわせて，新任の私を支えるのは，同じ時期に保育士として働きはじめた同期の存在です。勤務する場は違っても，同じような環境のもとで働く彼女たちとは共感し合えることが多くあります。こうして，苦楽を分かち合える仲間とのかかわりは，日々の保育を活性化させるためにも，明日の保育へ向かう力を得るためにも，私にとってなくてはならないものになっています。

さて，これまで新任保育士として体験し学んできた，子どもとのかかわりの素晴らしさ，保護者とのかかわりの大切さ，保育者間の連携，新社会人を支える人間関係の大切さについて述べてきました。これらのなかで，私が保育学生であるみな様にもっともお伝えしたいことは，保育士として子どもたちと過ごす毎日には，小さな幸せがあふれているということです。

毎日，毎日，自分でできることが少しずつ増えていき，ゆっくりと，時には驚くような早さで成長していく子どもたち。私は何気ない毎日のなかで，普段は当たり前に感じてしまいがちな，生きているという実感を味わう幸せを子どもたちから与えてもらっています。小さな体を目一杯つかって走り回り，大きな声で笑い，よく食べ，よく眠り，よく遊ぶ子どもたちを見ていると，心から愛おしいと感じます。子どもたちの笑顔に救われたことも，子どもたちとの会話に心が温かくなったことも，数えきれないほどあります。

その小さな尊い命を眺めながら，成長を間近で見守ることができる保育職はとても素晴らしい仕事です。保育に携わる人間であることに誇りを持って生活していきたいと感じています。そして，何よりも大切なのは，子どもたちが保育所の生活のなかで生きる喜びを

187

感じられることだと思います。私は，子ども1人ひとりが保育士である私から，十分に受け入れられ愛されているという実感を味わえるような保育を目指したい。子どもの幸せのために，子どもの笑顔のために，保育の道をともに歩んでいきましょう。

5 新任の保育者に贈る言葉

　私は現在，公立保育所保育士として勤めています。保育の仕事の良いところはなんといっても，元気いっぱいの子どもたちにたくさんの笑顔やエネルギーをもらいながら，子どもたちの成長を毎日間近に見て感じられることです。とはいえ，子どもたちの能力を十分に引き出し，元気な笑顔をみるためには，年齢や発達に応じた計画をたて，よりよい保育を展開していくための細やかな準備は欠かせません。そして，同時にトラブルの解決や行事の計画，保護者への対応や地域の子育て支援事業などに奮闘する毎日です。

　そうしたなか，先輩保育者からいただいたもので，いつも心に思い出される言葉は，「あと一歩，もう一言の親切」というものです。この言葉の意味するものは，保育を仕事として継続していく以上は，子どもや保護者に対してだけでなく，同僚に対しても「このくらいでいいのでは」でなく，あともう一歩踏み込んで，あきらめず，あともう一言の言葉がけを心掛けるというものです。このような心掛けを続けることで，保育者としての生活において，後悔や不必要なトラブルが減るということです。

　あるとき，言葉の意味を噛み締めた出来事がありました。1人ひとりの保護者の表情を見て，「今朝は，あのお母さん表情が冴えないようだ。大丈夫だろうか」と，気になりました。それでも，いつも通り，朝の準備をして仕事に向かわれる様子だったので，「おそらく大丈夫だろう」と見過ごしてしまったのです。すると，複数担任をしていた他の保育者が「お母さん大丈夫？　何かありまし

た？」と声をかけました。その途端，そのお母さんは張り詰めていたものが切れたかのように泣きはじめました。「父親が仕事で毎日帰宅が遅く，子どもには主に母親がかかわっているが，自身の仕事の疲れもあり，子どもの年齢特有のわがままとわかっていながら，子どもの思いをくみ取ってあげることができず，ついには手をあげてしまうことがある。最近は，ずっと自己嫌悪に陥りながら過ごしていて，仕事中もそのことが気になり本当につらい」とのことでした。ひとしきり話をしたあと，仕事へ向かわれましたが，後日，お母さんからの「あのとき，先生に聞いてもらえていなかったら，どうなっていたかわからない。本当に助かった」との言葉に，自身の「大丈夫だろう」という思いで，お母さんのSOSをキャッチできなかったことを後悔しました。そして，それと同時に，あともう一言の言葉かけの重みを感じました。子育ての不安や悩みは，積もると恒常的な虐待につながることもあります。その場で解決をするのではなく，思いを吐き出せるよう，ただよりそって聞くことの大切さを改めて感じさせられる出来事でした。それ以来，他のクラスの子どもや保護者の様子も含め，こまめに情報交換をしていくことを意識するようになりました。クラス運営はもちろんですが，職場全体の運営は互いが補い合い，助け合うことが大切です。子どもをみるのには様々な視点があるため，時には判断に迷うこともあります。そんなときこそ，子どものために最善なことは何だろうと一番に考えて，行動することが大切なのです。

　ここで一つ，自身の保育力をスキルアップさせるための具体的なひとつの方法を紹介しましょう。用意するものはたった一つ，1冊のノートです。これに保育をしているなかで先輩保育者にいただいたアドバイス，先輩や同僚保育者を見ていて「これは良い」と思った保育，季節ごとの行事，保育のなかでのワンポイントアドバイスや必要な配慮などについて，とにかくメモしていきます。何をするにも不安の多い新任保育者にとっては，それを何度も見返して，自

分なりの形にすることが財産となり力となっていきます。

　私が勤めはじめて数年間に書きためたものには，検診時に揃えておきたい書類や把握しておきたい子どもの状態，行事前の先輩保育者の保護者とのかかわり方，行事当日に子どもたちが落ちついてのびのび過ごせるような細やかな配慮，他のクラスや調理師の方々等とうまく連携するために忘れないでおきたいこと，さらには，ケガの対応やけんかの仲裁の仕方のコツ，自分では思いつかない遊びの流れや進め方など，多彩な内容が記されています。今思えば，非常に基本的なこともありますが，働きはじめて数年目は，「このようなことが不安だったり，わからなかったりしたのだ」と，今では，若手職員や実習生への助言に活かすこともできています。私は勤めて10年近くになりますが，今でも先輩保育者や同僚だけではなく，後輩や実習生から学ぶことも多くあります。経験を積み，多くのことができるようになった反面，忘れていた配慮や気遣いなどがあるのです。ふとしたときに，それを見返すことで，自身の保育を振り返ったり新しい視点を取り込んだりするのにとても役立っています。経験年数を重ねてベテランになっても，子ども1人ひとりの姿はみな違うものです。子どもの成長とともに，私達保育者も，子どもに向き合う限りは，成長しつづけなければならないと思います。保育のマニュアル本がありますが，それとは違う，世界に一つだけのオリジナルパワーアップノートをぜひ作ってみてください。

　最後にもう1点，保育者は子どもにとって人生の先輩です。子どもの持つ豊かな感性につき合えるように，保育者自身も好きなことに思いっきり取り組み，感性を磨いてください。技術や経験に負けないのは豊かな人間性です。子どもは大人を見て育ちます。保育者が豊かな感性や人間性を持っていると，子どもは保育者に人間的な魅力を感じて，自然と寄ってくることでしょう。保育という仕事は，子どもの成長の喜びを存分に味わえると同時に，人格形成の基礎を形成する大事な時期に密にかかわるという重大な，責任を担う

14章　子どもとともに成長する保育者

仕事でもあります。経験年数を問わず，保育に携わる人に必要なものは，知識や経験や保育の技術以上に，子どもを愛し，子どものためを思う気持ちの一言に尽きます。子どもたちの輝かしい未来に向けて，一緒に保育者としての道を歩めることを楽しみにしています。

終章　すべては，子どもの尊厳を守るために

　これまでの14章を読み終えた読者は，保育者とは何かという問いについての回答を手に入れることができたであろうか。すべての章のまとめとして，本章では，保育者の使命について読者とともに再び，考えてみたいと思う。

　保育者の使命とは，いうまでもなく，子どもの命を守り，育て，慈しむことである。保育者は教師として，子どもへの愛情を豊かに持ち，知恵，知識，技術，そして，その社会において生きていくために必要なマナーを教える。いわば保育者は，親のように，あるいは親の代わりとして，園児達とともに生活しながら，倫理観，価値観，そして人生の哲学をも教授していく存在者である。

　保育者と子どもが出会い，ともに育ち合い，時間は経過していく。そして，そのうち，子どもが親から，家庭から，あるいは養育者のもとから巣立つ日が訪れるのと同じように，保育者のもとから子どもが巣立つ日も，必ずやってくる。

　私たち大人は，子どもとかかわるときに，その子どもとの別れを想定して生きていかなければならない。かならずいつか訪れる，この愛しい子どもとの別れを直視するのなら，いま，このとき，子どもと共有できる時間と空間にある，保育者の使命を意識して生きていかなければならないとわかるだろう。そして，性格，容姿，気質，体力，精神力，能力や学力など，すべてにおいて子どもは異なり，1人として同じ人間はいないのだから，集団のなかにいる1人ひとりの子どもに対して保育者は，固有の人間関係を結ぶ必要があると理解される。

　このような前提をもとにして本章では，保育者の使命について深

終章　すべては，子どもの尊厳を守るために

く考えるために，1枚の絵画に手がかりを求めてみたい。その絵画
と初めて出会ったとき，否，正確にはその絵画の描かれた背景，い
わば，それを描いた画家の悲しみや苦しみを知ったとき，私は，そ
れまで自身の考えていた教師論（保育者論）の根元を揺さぶられる
ほどの衝撃を味わった。教師とは何か。保育者とは何か。保育者に
は何ができるのか。保育者は子どもに何が残せるのか。親の代わり
としての保育者は子どもにどのように接し，どのようなかかわりを
することが望ましいのか。

　1枚の絵画が，私の心の底を揺らし，私に語り，私に問いかけて
いる。保育者の使命を深く考える手がかりとして，この美しい絵を
読者に紹介したいと思う。

1　絵画「蝶を追う画家の娘たち」

　当時，欧州にいた私は，ある1枚の絵画を直接観るためにロンド
ンまで足を運んだ。ギャラリーでその絵画をみつけるや否や，その
絵の前に立ちすくみ，時間の許す限りながめていた。ロンドンのナ
ショナルギャラリーにあるその絵画は，「蝶を追う画家の娘たち」
（1775 ～ 1776 頃），作者は数々の肖像画を遺した著名な画家，トマ
ス・ゲインズバラ（Gainsborough, T., 1727 ～ 1788）である。どうし
ても自分の眼でこの絵画を観たいと強く願ったのは，留学前に日本
で出合った1冊の本がきっかけだった。

　その本とは『心の美術館』[1]。BBC 放送・美術番組の司会者と
して名高いシスター・ウェンディー（Beckett, W.）について新教
出版社は「忙しい生活のなかで，私たちの心は，静かにものを考
える時間を必要としています。修道女として祈りの日々を送る一
方，テレビ番組の名司会者として，英国では知らない人がいないシ
スター・ウェンディーが，現代社会に生きる私たちのために，とっ
ておきの時間を用意してくれました。美術には幾重にも『心の意

▶1　シスター・
ウェンディー・ベケッ
ト著，本多峰子
訳，新教出版社，
1999 原 題 は，
Sister Wendy's
Book of Meditations,
Dorling Kindersley
Limited, London,
1998。

193

▶2　前掲書，pp.94-95。

▶3　同上。

味』がこめられていることを深く理解するシスターは，ルネサンスの巨匠絵画・彫刻から浮世絵，さらには最新コンテンポラリーアートにいたる様々な美術名品の持つメッセージをやさしく教えてくれます」と紹介している。原題を直訳すれば，『シスター・ウェンディーの黙想の本』。いわば，シスター・ウェンディーが，われわれ現代人に美術鑑賞を通した黙想や瞑想を提案していることがわかる。

　急速な科学技術の進歩によって便利さを手に入れた現代の社会は，それと引き換えに心のゆとりを失い，同時に，心を充実させる機会も失いつつある。本来，心や身体を休め，癒しをお互いに提供し合う場であることを望まれる家庭すら，安息の場としての機能を失いつつある。しかし，人間存在は，今も昔も，自然の一部であり，ヒトはヒトから生まれ，ヒトに育てられる。ヒトを人間らしい人間に育てるのは人間の大人である。養育者が，生まれたばかりの無垢な命をどのように育て，どのような養育環境を用意するかによって，その子どもの生涯は大きく変わってしまうことは明らかである。そうなると，養育者の心の平安のための瞑想や黙想は，養育者だけのために必要なのではなく，次世代を担う子どもたちにとってとても重要なことと理解される。

　このように，人間教育の原点に立ち返るなら，われわれは，守らなければならない社会的な弱者――1人では生きることができない子どもたち――の心の声や本質的な望みをくみ取るためにも，静かなひとときを持ち，自身の内面を旅する時間を必要としているとわかるだろう。それでは，絵画『蝶を追う画家の娘たち』に対して，シスター・ウェンディーが，どのような「心の意味」を読み取っているのかをみてみよう。

「蝶を追いかける子供たち」―― "Chasing The Butterfly"

　親の愛は，潜在的に，愛の最も純粋な形ですけれども，たぶん最もつらい愛で

終章　すべては，子どもの尊厳を守るために

もありましょう。ゲインズバラの結婚は不幸でしたが，彼は二人の娘をモリー，キャプテンと呼んで溺愛しました。母親の精神的障害がどちらの娘にも遺伝していたので，父親のゲインズバラは一生二人のことで苦しみました。二人ともけっして幸せを知ることがないということを，彼は悲しくも予知していました。彼が二人を描いたたくさんの絵にそのことが表れています。愛する人たちの独立を奪わないこと，その人たちの代わりに選択を行うわけにはいかないと認めること，彼らは私たちが苦労して得た経験で生きることはできないのだと認めること。これらが愛には含まれます。大切な人が蝶を追いかけるのをとめてはいけません。絶対蝶はつかまらないとどれほど確信していても。私たちはけっして幸せの蝶を他人に与えるわけにはいかないのです。だれもが自分ひとりでつかまえなくてはならないものだからです。幸せの蝶がいつまでもつかまらない人もいます。けれども愛はそのつらい認識のうちで働かなければなりません。◐2

蝶を追う画家の娘たち ◐3

2 1人ひとりの「蝶」探し

　この世に在る子どもは，唯一無二の存在である。誰1人として，この世の中に不必要な子どもはいない。しかしながら，大人は，目にみえる価値によって，子どもを序列化しているのではないだろうか。

　幼い子どもであれば，聞きわけが良いこと，親に世話をかけないこと，親や先生を困らせないこと，そうした目にみえる子どもの言動によって，大人たちは子どもを無意識に序列化してしまう。そして，学童期以降であれば，学習が良くできることこそ，高い価値を持つものとして，偏差値というひとつの尺度で，われわれ大人は子どもたちを序列化しているのではないだろうか。そして，大人の社会では，効率的であること，合理的であること，そして，いかに高い収入を得るかといった価値基準を持って，人間を序列化している場合が少なくないのではないだろうか。

　そこで，ひとつ考えてみよう。能力によって人間の価値は決まるのであろうか。私は，人間の能力の価値と人間の人格の価値を同一視してはならないと考えている。とりわけ，乳幼児の教育・保育にあたる保育者は，人格の価値が，すべての子どもに，平等に，所与されているということを忘れてはならない。

　わがままでも，泣き虫でも，きかん坊でも，おこりん坊でも，頑固でも，意地っ張りでも，あばれん坊であっても，みな1人ひとりが固有であり，大事な子どもであり，大人から，平等に愛される権利を持ってこの世に生まれている。そして，彼らこそ，私たちの未来そのものであり，彼らこそ，日本の未来を背負う貴重な人材である。個々の能力が異なるからこそ，豊かな社会になるのだ。能力が異なるからこそ，社会では多様な職種が成立し，互いが互いの生活を支えあうことができるのだ。

終章　すべては，子どもの尊厳を守るために

　保育者の使命のひとつは，1人ひとりの子どもの独自性を重んじ，その子どもの可能性を存分に伸ばしてあげることである。その際，注意することは，人間は人間と共に社会のなかで生き，相互に交流しながら，育ちあう存在であることから，保育者は子どもの独自の能力や優れた能力を引き出し，それを社会（集団）のなかで輝かせるという教育的な配慮をしなければならないという点であろう。

　1人ひとりの追いかける蝶はみな違う。もし，子どもが追いかける蝶を見ていて，先生（保育者）がこの子どもにはあの蝶はきっと捕まらないと確信したときはどうすればいいのだろう。保育者は，「○○くんは，こんな良いところがあるね」「○○ちゃんは，こんなすてきなところがあるね」と心を込めて，子どもの才能をみつけ，それを伝達し，自信を与えることはできるだろう。一方，「あの蝶ならば，この子どもは捕まえられるのに」と，地団駄を踏むこともあるだろう。願わくは，1人ひとりの子どもが自分だけの蝶をみつけられるように。願わくは，子どもが自分の力で自分だけの蝶を捕まえられるように。子どもが自分の力で生きようとする力を育てなければならない。それだけを心の底で願いながら保育する。それこそ，保育者の生きる道である。

　ところで，保育職とは，人生の初期にある乳幼児とかかわる職業である。生命の神秘を感じ，成長発達のリズム，その規則性や成長の速さに目を見張るという体験を通じて保育者は，この赤ちゃん，この新しい生命はどこから来たのだろうと素朴な疑問を持つことがある。最後の節では，人の命はどこから来てどこへ行くのだろうといった，この問いについて，先に紹介した絵画に描かれる「蝶」を手がかりに，いまいちど考えてみよう。

3　子どもの使命

　1人ひとりの命が固有であるなら，命とともにこの世に贈られる，

その子どもの才能は唯一無二のものであろう。

　英語では vocation，calling（神からの呼びかけ，天職），そして mission（使命，天職）という言葉がよく使われる。厳密には，超越者からの呼びかけに応えて，自分の能力に適した職業，自分に神が与えた力を発揮できる職業＝天職に就くことを意味するという。これらの語源はラテン語であることから，キリスト教文化のなかで育った概念であることは想像にかたくない。

　命はどこから来て，死んだ後の命はどこへ行くのか。もし，子どもにそれを問われたとき，われわれ大人はどのように答えることができるのだろう。現代，これほど医学が進歩しても，治癒できない難病がある。人知では予知できない自然災害によって，尊い命は容赦なく奪われる。もちろん，未来の社会では，それができるようになるかもしれないが，生命の統治を夢見る現代人はいまだに生命を統治できていない。

　1人ひとりの子どもは唯一無二の存在であり，固有の存在である。1人ひとりの子どもには誰からも侵されてはならない尊厳が与えられている。子どもが超越者から与えられている固有の価値をみつけ，引きだし，その価値を子どもに気づかせるのは，養育者である親，保育者，教師達の仕事である。

　保育者は，子どもが自分の価値に気づき，その価値をさらに輝かせるために——いわば，自分だけの蝶を追いかけながら，その人生を生き生きと生きられるように——導いていかなければならない。そして，子どもが超越者から与えられた固有の蝶——その子どもの使命——を彼らが，自分の力でみつけられるようにはげまし，希望を与え，勇気を与える存在者でなければならない。子どもに与えられた固有の価値と尊厳を守る。これこそが，保育者の使命であるといえよう。

索 引

■あ 行

愛護　73
愛着　16
愛着関係の形成　26
アクティブ・ラーニング　74
預かり保育　42, 133
遊び　10, 11, 117
遊びを展開する技術　126
アタッチメント　62
アニミズム　169
生きる力　164
育児不安　54, 129
命　197
インクルージョン　173
インテグレーション　173
ヴァン＝マーネン　55
ヴィゴツキー　52
エピソードカード　166
絵本　90
援助　11
延長保育　136, 137
園内研修　76
園内研修会　167

■か 行

カウンセリング・マインド　13
型　122
学校教育法　11
学校保健安全法　8
学校保健安全法施行規則　8
家庭的保育　161
家庭的保育事業　153, 154
家庭的保育補助者　156
カリキュラム　97, 107
カリキュラム・マネジメント　100
環境　11
環境構成　11
環境構成の技術　126

関係構築の技術　126
感性　176-178, 190
季節　177, 179
気になる子ども　167
虐待　12
休日保育　136, 137
教育課程　97, 99, 134
共感　64
居宅訪問型保育　160
居宅訪問型保育事業　154
倉橋惣三　7, 102, 105
ケアリング　14
ケイ　16
ゲインズバラ　193
研修　48, 108
交換　113
合計特殊出生率　30, 85
厚生労働省　30
子育て（の）支援　12, 28, 125, 127
子育て家庭への支援　28, 29
子ども・子育て支援新制度　43, 152
子どもの権利条約　31
子どもの最善の利益　31, 86
子どもの使命　197
子どもの尊厳　192
子どもの被包感　50
固有の価値　198

■さ 行

事業所内保育事業　154
自己肯定感　26
自己評価　103
資質・能力　73
シスター・ウェンディー　193
自尊感情　26
市町村保健センター　145
指導案　93
児童虐待の防止等に関する法律　129
指導計画　99

児童憲章　31
児童相談所　141, 145
児童の権利条約　171
児童福祉施設　143
児童福祉施設最低基準　144
児童福祉法　40, 124
児童養護施設　40, 59, 60, 65, 67, 68
児童養護施設運営指針　65
社会的学習理論　8
主体的・対話的で深い学び　75
守秘義務　39
受容　127
小1プロブレム　147
障がい　142
障害児施設　144
小学校　147
小学校学習指導要領　147
小規模保育事業　153
省察　57, 101, 150
情緒の安定　61-63
シラー　118
人権　80
身体的虐待　130
新任保育者　168
信頼関係　21, 52, 86
心理的虐待　130
生活援助の技術　126
生活習慣　122
性的虐待　130
生命の保持　61-63
セルフコントロール　119
全国保育士会倫理綱領　31, 132
全体的な計画　97
専門機関との連携　139
早期教育　12
創造性　177-179
贈与　113
育ての心　14

■た　行

第2次ベビーブーム　85
タクト豊かな保育者　57
多文化社会　171
地域型保育給付　153

地域型保育事業　153
地域子育て支援拠点事業　138
父親　17
中央教育審議会　12
津守真　49
ティーム保育　139
デジタル社会　84
デス・エディケーション　9
デューイ　10
トイレトレーニング　85
当番活動　95
同僚（性）　109
特別支援教育　174

■な　行

内閣府　69
ニーチェ　119
乳児院　143
認定こども園　13
ネグレクト（放置）　130
ノーマライゼーション　173

■は　行

発達援助の技術　126
発達支援相談　76
発達障害者支援センター　145
発達段階　92
発達の最近接領域　52
母親　17
PTSD　9
PDCA　100
PDCAサイクル　100, 165
ピグマリオン効果　39
非認知的能力　48
評価　27, 94, 103
病児・病後児に対する保育　136, 137
フレーベル　10
ペスタロッチ　114
ヘックマン　47
ベナー　37
保育　7
保育カンファレンス　108
保育技術の内容　126
保育教諭　33, 129

索 引

保育計画　13
保育サービス　163
保育士　33, 164
保育事故　69-71
保育施設　89
保育者　179, 181
保育者間の連携　139
保育者の使命　192
保育者の役割　128
保育所　7
保育所保育指針　8, 61, 62, 124, 125, 127, 163
ホイジンガ　118
ボウルビィ　16
保健所　141, 145
保護者　12
保護者に対する子育て支援　128
保護の防護柵　117
母性　16
母性剥奪　16
ボルノウ　50

■ま　行

マシュマロ・テスト　119
学び続ける保育者　48
見える化　103
メディア　84

モデリング　69
模倣　35

■や　行

養育　60, 65, 66
養護　59, 65, 66
幼児期の終わりまでに育ってほしい姿　48, 100
幼児理解　27, 166
幼稚園　7
幼稚園教育要領　8, 133, 134, 163
幼稚園教諭　33
幼保小の連携　147
幼保連携型認定こども園教育・保育要領　8,
　127, 163

■ら　行

リスクマネジメント　59, 69-71
離乳食　85
療育センター　145
レイチェル・カーソン　176
ローゼンサール　39

■わ　行

ワーク・ライフ・バランス　137
わらべうた　90

編　者

佐藤　哲也　宮城教育大学

執筆者〈執筆順〉

佐藤　哲也　（1章）編者

布村　志保　（2章）頌栄短期大学

井藤　　元　（3章 1 2 3・9章）東京理科大学

長尾　和美　（3章 4）前梅花女子大学

村井　尚子　（4章）京都女子大学

加納　史章　（5章）湊川短期大学

中島　　恵　（6章）聖和学園短期大学

石川　恵美　（7章）兵庫大学

ドー小山　祥子　（8章）昭和女子大学

梅野　和人　（10章）四天王寺大学短期大学部

山原　麻紀子　（11章）東洋大学

水引　貴子　（12章）昭和学院短期大学

小川　圭子　（13章）大阪信愛学院大学

赤木　公子　（14章 1 3）梅花女子大学

保田　恵莉　（14章 2）神戸教育短期大学

谷口　あずさ　（14章 4）前公立保育所

眞田　絵里　（14章 5）神戸市立松原保育所

鈴木　昌世　（終章）元大阪成蹊大学教授（編者が加筆修正）

子どもの心によりそう

保育者論〔改訂版〕

2018 年 3 月 30 日　初版第 1 刷発行
2023 年 4 月 5 日　　第 2 刷発行

編　者　　佐　藤　哲　也
発行者　　宮　下　基　幸
発行所　　福村出版株式会社
〒113-0034　東京都文京区湯島2-14-11
電話　03-5812-9702　FAX　03-5812-9705
https://www.fukumura.co.jp
印刷　株式会社文化カラー印刷
製本　協栄製本株式会社

©Tetsuya Sato 2018
Printed in Japan
ISBN978-4-571-11608-7 C3337
定価はカバーに表示してあります。
乱丁・落丁本はお取替えいたします。

福村出版◆好評図書

佐藤哲也 編
子どもの心によりそう

保 育 原 理 〔改訂版〕

◎2,100円　　ISBN978-4-571-11606-3　C3337

子どもの置かれている現状を理解し，子どもたちの健やかな成長と豊かな未来へつながる保育の本質を考える。

佐藤哲也 編
子どもの心によりそう

保 育 内 容 総 論 〔改訂版〕

◎2,100円　　ISBN978-4-571-11607-0　C3337

幼い子どもたちの健やかな育ちに求められる保育内容を，新要領・指針に即して基本から実践まで多面的に解説。

佐藤哲也 編
子どもの心によりそう

保育・教育課程論 〔改訂版〕

◎2,100円　　ISBN978-4-571-11609-4　C3337

子どもの今と未来の姿を見据え，子どもの主体性を尊重した保育計画の編成を豊富な事例を通して学ぶ。

成田朋子 編著
新・保育実践を支える

言　　　　　葉

◎2,100円　　ISBN978-4-571-11615-5　C3337

育ちの中で子どもが豊かな言語生活と人間関係を築くために，保育者が心がけるべき保育を分かりやすく解説。

成田朋子 編著
新・保育実践を支える

人　間　関　係

◎2,100円　　ISBN978-4-571-11613-1　C3337

人と関わる力をいかに育むかを，子どもの発達の基礎をおさえ，実際の指導計画と実践事例を掲載しながら解説。

吉田 淳・横井一之 編著
新・保育実践を支える

環　　　　　境

◎2,100円　　ISBN978-4-571-11614-8　C3337

子ども達の適応力・情操・育つ力を引き出す環境の作り方を多角的に解説。図版と写真が豊富で分かりやすい。

津金美智子・小野 隆・鈴木 隆 編著
新・保育実践を支える

健　　　　　康

◎2,100円　　ISBN978-4-571-11612-4　C3337

子どもの心身が健全に育まれ，自然や物との関わりを通して充実感を得る方策が満載。保育する側の健康も詳説。

◎価格は本体価格です。